荣耀中华·华人诺奖群英谱
全球华人的盛世骄傲　亿万青少年的心灵洗礼

从红高粱地走出的文坛巨匠
——莫言的故事

主编　项　星
编委　项亚娟　李林杰　吕志宏　项泽忠
汤　洁　唐澜波　周　晓　徐　菲
项龙康　杨雪奎　江国和

WUHAN UNIVERSITY PRESS
武汉大学出版社

图书在版编目(CIP)数据

从红高粱地走出的文坛巨匠:莫言的故事/项星主编.
—武汉: 武汉大学出版社,2016.2(2018.4 重印)
荣耀中华·华人诺奖群英谱
ISBN 978-7-307-17620-1

Ⅰ.从… Ⅱ.项… Ⅲ.莫言—生平事迹—青少年读物
Ⅳ.K825.6-49

中国版本图书馆 CIP 数据核字(2016)第 030869 号

责任编辑:聂勇军 责任校对:李孟潇 版式设计:马 佳

出版发行: 武汉大学出版社 (430072 武昌 珞珈山)
(电子邮件: cbs22@whu.edu.cn 网址: www.wdp.com.cn)
印刷: 湖北恒泰印务有限公司
开本: 720×1000 1/16 印张:9.25 字数:95 千字
版次: 2016 年 2 月第 1 版 2018 年 4 月第 3 次印刷
ISBN 978-7-307-17620-1 定价:17.00 元

莫言

莫言，1955年2月17日生于山东高密县，原名管谟业，中国当代著名作家。1980年代以乡土作品崛起，充满着“怀乡”以及“怨乡”的复杂情感，被归类为“寻根文学”作家。2011年8月，莫言凭长篇小说《蛙》获第八届茅盾文学奖。2012年10月11日，莫言因其“用魔幻现实主义将民间故事、历史和现代融为一体”而获得诺贝尔文学奖，颁奖词盛赞莫言“各种手工艺，铁匠活，盖房，挖渠，养殖，土匪伎俩——所有这一切他无所不知、无所不写，人世间的一切几乎都被他罗列到笔下”。其代表作有《红高粱》《檀香刑》《丰乳肥臀》《酒国》《生死疲劳》《蛙》等。

当我重新踏上故乡的土地时，我的心情竟是那样的激动。当我看到满身尘土、满头麦芒、眼睛红肿的母亲艰难地挪动着小脚从打麦场上迎着我走来时，一股滚热的液体哽住了我的喉咙，我的眼睛饱含着泪水……那时候，我就隐隐约约地感觉到了故乡对一个人的制约。对于生你养你、埋葬着你祖先灵骨的那块土地，你可以爱它，也可以恨它，但你无法摆脱它……

——莫言《超越故乡》

前　言

青少年是人生的重要阶段，是树立正确的人生观、价值观的关键时期。如何帮助和教育青少年树立远大理想，培养他们的坚强意志，是国家和教育者的重要责任。我们编辑这套图书的目的，就是希望通过给青少年提供极富正能量的人物故事，使他们在阅读中积极向上，为他们的成长和进步尽一份绵薄之力。

《荣耀中华·华人诺奖群英谱》系列图书以简洁流畅的语言、生动有趣的故事，对获得诺贝尔奖的 12 位华人科学家、文学家、医学家等的人生经历、艰辛求学过程和青年时代的奋斗经历以及社会成就等诸方面进行了较为详尽的介绍，以引领广大青少年学习这些杰出人物，走近他们的生活，感受他们的思想和情感世界，并从他们成功的人生经历中汲取智慧和力量，使自己在思想观念、人生目标、学习生活中得到启迪。

莫言，这位第一位获得诺贝尔文学奖的中国作家，由于受到当时社会环境和生活条件的影响，他只读到小学五年级。虽然少年莫言不幸辍学，但是他并没有向命运屈服，他在极度艰难的生活环境下，一刻也没有放弃读书，更没有放弃自己的理想。在无书可读的“下乡”劳动期间，他以《新华字典》为伴，努力研究，背诵里面的生字、解释，并向贫下中农学习，听人们讲故事，从而练就了出众的“讲故事”的天赋。正是这些艰苦的磨练，为他后来走向成功奠定了坚实的基础。

而屠呦呦成功研制出治疗疟疾的“神药”青蒿素则更为艰险，为了研制“神药”，光调查收集这一个过程，屠呦呦和她的课题组成员便筛选了 2000 余个中草药方，整理出了 640 种抗疟药方集。他们以鼠疟原虫为模型检测了 200 多种中草药方和 380 多个中草药提取物。成功，在 190 次失败之后。1971 年，屠呦呦课题组在第 191 次低沸点实验中发现了抗疟效果为 100% 的青蒿提取物，并从这一提取物中提炼出抗疟的有效成分——青蒿素。为了验证青蒿素对人体疟疾的疗效，屠呦呦等人甚至勇敢地在自己身上首先进行实验。

著名物理学家杨振宁和李政道勇于向已知“公认”的定理挑战，经过不懈的努力和推算，终于提出了“弱相互作用下宇称不守恒”定律，打破了被视为物理学金科玉律的“宇称守恒定律”，并因此而获得了当年的诺贝尔物理学奖，成为首次站在瑞典皇家科学院诺贝尔领奖台上的华人科学家。

虽然这些伟大的科学家、文学家、医学家们每人所处的时代、环境不同，但他们辉煌成就的背后，无不浸透了刻苦学习、辛勤工作的身影，无不体现了不屈不挠、勇往直前的奋斗精神，无不彰显着他们对待科学事业实事求是、孜孜以求、不屈不挠的认真态度和拼搏精神。

阅读名人传记，既可以向书本学习知识、开阔视野，又可以了解某一领域伟大科学家的人生经历，尤其对正处于成长发育阶段的青少年来说，阅读《荣耀中华·华人诺奖群英谱》，可以起到良好榜样的示范作用。这一系列图书在丰富孩子们视野、帮助他们树立远大志向的同时，可以把科学家们艰苦的经历与现代年轻人安逸的生活进行对比，使孩子们得到一次灵魂的洗礼，从而增强他们克服困难与挫折的勇气和信心，并产生为之奋斗的不竭动力。

编 者

2016 年 1 月

目　录

CONCENTS

第一章
饥 饿

1. 生个拉小车的

一条宽阔大路向前绵延而去。路比较老旧，坑坑洼洼起伏不定，寒风吹过，一小堆黄沙便被带了起来。路边长着许许多多的槐树、柳树、柏树，还有一些不知名的植物，它们高低错落、杂乱无章地交织在一起。此时，除了柏树还有绿意，其他树木都已经凋落得不成样子，只剩下灰溜溜的光杆儿了……

这里是山东高密县大栏乡平安庄三份子村，时间是 1955 年 2 月 17 日上午。两千年前，这里出了个晏婴，他留下了“晏子使楚”、“死马杀人”、“二桃杀三士”的故事，至今还熠熠生辉；八百年前，西边不远的郓城县出了个宋江，他带着一帮好汉干了一番惊天动地的大事，至今还为人传颂；三百年前，北边不远的淄川出了个蒲松龄，他在酒茶摊上折腾出一本《聊斋志异》，至今还脍炙人口……今天，这旮旯会不会发生什么稀奇事儿，或者蹦出个稀奇人儿呢？

整个村子有几十户人家，房子建得稀稀拉拉的，均是土墙草顶。沿着大路一直往里走，到村子中心地带，可以看到一个天主教堂，教堂不大，却是整个村子最惹人注目的建筑了。此时，一个约摸30多岁的男人勾着腰，站在教堂门前。男人左手稳稳把着一个大破铁锹，右手拿着把扫炕的扫帚，正把路面上的浮土扫进铁锹里。他每扫一会，就会放下扫帚，把带进锹里的石子拣出来扔得远远的。

这个男人名叫管贻范，他一身衣服破旧又单薄，挡不住瑟瑟寒风，明显是这里土生土长的庄稼人。

等锹里的浮土够多以后，管贻范直起腰，将扫帚盖到锹上，匆匆跑了起来，神情非常着急。跑到一个又矮又破、看起来四处漏风的土房子前，他丢掉扫把，急冲冲地跨了进去。屋子里有三个女人，一个60多岁，一个40多岁，一个30来岁。最年轻的女人正躺在土炕上，肚子挺得大大的，一个不安分的小生命正在肚子里面闹腾，给这个女人带来巨大的痛楚。她紧闭着眼睛，嘴巴张得极大，头发被冷汗黏在额上，一双手紧紧地攥着破旧的被褥，整个身体都因为痛苦而剧烈地颤抖着。

“土来了，赶紧的！”管贻范冲到土炕边叫道，眼睛盯着炕上的女人，另外两个女人合力将孕妇的身体往旁边挪了挪。

管贻范将锹里的浮土一股脑儿倒在炕上，也不管土里夹杂着的牛粪、羊粪、烂树叶、野草种子……女人生孩子时在其身下铺浮土是这个村子的古老习俗，新生儿一出母腹，就落在这被千万人踩过的浮土上，暗示人的生命从尘土中而来，也归于尘土，人和浮土一样卑贱，也和浮土一样顽强。

管贻范匆匆将浮土摊平，又迅速帮着两个老女人移动孕妇，让她的身子搁在浮土之上。做完这一切，管贻范来回踱起了步，但眼睛始终没有离开炕上的女人，这个女人名叫高淑娟，是他的老婆。

过了一会儿，娃儿还是没出来，管贻范索性到门槛外坐了下来。这才刚刚过完春节，村里的大路上还可以看到红皮鞭炮炸过后的痕迹，春节的喜庆气氛还在。管贻范左看右看，心里美滋滋的，这一个“喜”还没过去，又一个“喜”就来了！生个男娃好还是生个女娃好呢？已经有了两个男娃一个女娃，还是再来个女娃吧……不对，女娃过几年都得跟别人，还是男娃好，男娃有劲儿，做事靠谱……嗯，就男娃。

管贻范自顾自地乐着，突然，屋里传出“哇”的一声，他连忙站起身来冲了进去。40多岁的接生婆手里已经多了个婴儿：“嘿，淑娟儿啊，你又生了个拉小车的。”

“嗯嗯，拉小车的好，拉小车的好啊！”管贻范乐得不行，眼睛再也离不开这个新生命。接生婆抽了块破布，轻轻地而又麻利地蘸着婴儿身上的羊水，处理完后，她将婴儿裹入提前准备好的棉絮中，缓缓放到高淑娟眼前。分娩带来的余痛还没有完全消失，高淑娟大口大口地喘着气，但脸上的表情是满足的。

“噔噔噔”，门外传来一阵脚步声，管贻范知道是上五年级的大儿子管谟贤放学回来了，但他没去管，显然还是眼前刚出生的娃儿更值得关注。60多岁的奶奶坐不住了，她迎出门去，迫不及待地要把这个消息告诉大孙子：“谟贤啊，快进来看看吧，你娘又生了个拉小车的了。”

管谟贤心中一喜，哟，我又多了个弟弟！但随即脸又沉了下来：“什么拉小车的！您是想让我们兄弟当一辈子农民吗？我不拉小车，我弟弟也不会拉。”管谟贤说着奔进屋去，看到母亲身边躺着个婴孩，眼睛还没睁开，脸上皱巴巴的，忍不住问道：“怎么这么难看？”高淑娟抚摸着婴儿：“刚生来的小孩都是这样，过两天就好看了。”

管贻范抱着双臂，若有所思，在大儿子围着新生命打转的时候，他已经为这个刚出生的小儿子定好了名字——管谟业。

2. 茅坑里游泳的娃

管谟业？不应该是莫言吗？为什么讲了这么久还没跟我们的主人公扯上关系？

实际上，这个刚出生的婴儿管谟业就是我们的主人公——莫言，只不过，现在不能这么叫他，因为那是很多年后管谟业为自己而起的笔名。但是，这里为了方便，我还是得抛开“管谟业”，用“莫言”这个为大家所熟知的名字来称呼他。

莫言出生的时候，他们家是一个十足的大家庭。前面已经提到，莫言家的房子又矮又破、四面漏风，但是，这个破土房子却不小，仔仔细细算下来，里面可塞了十几口人，是整个三份子村嘴巴最多的家庭了。这破土房子里除了住了莫言的父母、两个亲哥哥、一个亲姐姐外，还有他的爷爷、奶奶、叔叔、婶婶以及叔叔婶婶的孩子。这里，我们暂且不对他的家庭环境作太多介绍，先来说说莫言出生的大环境。

1955 年 2 月，距离新中国成立不到六年，中国的经济十分落后，大多数地区人们的温饱问题还没有得到良好的解决，莫言所在的山东高密当然也不例外。不过，这块地上的人们勤劳朴实也吃得苦，虽然吃不饱穿不暖，但活下来还是有保证的，孩子也基本能养活。

莫言出生的第五个月，也就是 1955 年 7 月，一场影响全国人民的会议在北京召开了，这个会议叫做“第一届全国人民代表大会第二次会议”，会上通过了《中华人民共和国发展国民经济的第一个五年计划（1953—1957）》、《中华人民共和国兵役法》。山东高密距离北京四百多公里，此时的莫言一家当然不会知道这个会议，就算知道了，这群贫苦的小老百姓也不能明白其中的意义，而此时还在襁褓中的莫言，也根本不可能知道这个会议会给他的人生带来多大的影响。

“第一个五年计划”虽然是 1955 年通过，但实际上 1953 年就开始实施了，到了 1957 年，“第一个五年计划”顺利完成，中国的工农业都有了大幅度的提高，社会安定、民风良好。三份子村的人们当然不会去管国家的什么大计划，上头说要搞建设那就搞呗！

刚刚当家做主的中国人民为了建设新中国，都有一股子干劲，争先恐后地为祖国贡献出自己的力量。那时候，除了两岁不到的莫言以外，一家老小都在忙碌，小孩们要上学，大人们要搞建设，这下可苦了莫言了，家里没有人有精力来照顾他，母亲每次出去做工，把莫言带上，然后放到一边，让他自己玩去，只要莫言不爬到特别危险的地方去，是不会有人来管他的。玩饿了，小莫言哭上两声，母亲便过来给他喂两口奶，让他继续玩，一直玩到晚上，母亲再将他抱回家。从一两岁开始，莫言就已经习惯独处了。当然，此时的莫言还不大记事，孤单寂寞自然是感觉不到的，只要肚子是饱的，一个人就玩得很兴奋，几只蚂蚁就可以让他开开心心地玩上一整天了。莫言开始记事大约是在三岁，在此之前的事情，他能记住的只有一件，那就是掉进茅坑差点被淹死，事情发生在他两岁多时……

那是一个骄阳似火的夏天。那天午后，小莫言突然感到肚子不舒服，便蹒跚着跑向茅厕，虽然只有两岁多，但一个人玩惯了的他早就学会独自上厕所了。莫言家的茅厕是当时农村非常常见的露天茅厕，在屋后挖一个坑，放一口大缸，四周用砖头、木栏等遮挡着。莫言来到茅厕，褪下破短裤蹲了下来。年幼的他对什么都充满了好奇，上个厕所也不忘左顾右盼，希望发现点什么稀奇东西，不过那缸里白白胖胖、拖着长尾巴的蛆宝宝他是看厌了的，现在已经不屑再看。突然，他看到茅坑一角上插着一根长长的木棍子，这根木棍子本来是给腿脚不便的奶奶准备的，已经插在这里好多天了，莫言也玩过几次，可是此时实在找不到什么新鲜事儿干，他便挪到棍子旁边玩起了老把戏。他两只手从背后抓住棍子，然后把身体向后仰，这样，他身体就整个儿悬在茅坑上方了。莫言觉得这样很好玩，就保持着这个姿势，一边玩一边胡思乱想。

“咔嚓”，“噗通”，两声响后，莫言栽进茅坑里了。原来，那棍子在腐水中泡的时间太长，早已经不结实，经莫言这么一弄，

很自然地断掉了！这时正值夏季，前些天刚下过几场暴雨，缸里积了大量雨水，非常深。莫言脚着不到地，吓得不轻，一边扑腾，一边张嘴大叫，不过刚一张口，四方的臭水就迫不及待地往他肚子里灌，只让他发出咕噜咕噜的声音。莫言越叫越急，越急臭水就灌得越多，眼看就要支撑不住了。

大哥管谟贤此时放假在家，听到厕所里有动静，立马就冲了过去。这一看是又好气又好笑，这傻弟弟竟然在茅坑里游泳！管谟贤伏在地上，揪住莫言胳膊，将他扯到边上，一把提了起来。提起来后管谟贤也不说话，摸了块肥皂然后扛起莫言冲向河边。

此时炎日当头，晒得河水微微发烫，满河里都是洗澡的男人和玩水的孩子。管谟贤将莫言放到河里，莫言不愿下水，一双胳膊缠着哥哥的脖子，腿也高高蜷起。管谟贤硬是把莫言按到水里，叫道："你一身屎一头蛆，脏死了，不烫烫怎么行？"莫言一边哭一边挣扎，周围人都围过来笑话他："屎汤子什么味道啊，好喝不好喝！"

那时候，肥皂可是很珍贵的东西，但是管谟贤没有吝啬，他一遍又一遍地往莫言身上抹肥皂，直到把他由臭烘烘洗到香喷喷，才从河里提了出来。事后，莫言本以为自己要挨一顿饱揍，没想到却还受了表扬，奶奶说："幸亏莫言把棍子弄断了，要不然，我掉进去麻烦可就大了！"爷爷听说了以后还称赞："大难不死，必有后福。"最后母亲还用两滴珍贵的香油调了半碗水，喂给莫言喝下，让他把脏东西咳出来。

3. 疯狂"大跃进"

三岁以前的事情，莫言只记得掉进茅坑这么一件，三岁以后，他记得的事情就多了。我们常说，童年记忆是美好的，但是莫言的童年记忆却并不如此，他经历的很多事现在看起来都是让人心酸的，有些甚至是可怕的！莫言出生的年代不好，他经历了新中国成立以后最艰难的几个阶段，首先便是“大跃进”和“大跃进”导致的三年困难时期。

莫言故居

莫言在 1958 年 2 月 17 日满三岁，整整三个月后，距离高密四百公里之外的北京又进行了一次会议，这次会议叫做党的第八次全国代表大会第二次会议，会议通过了建设社会主义的总路线，这条路线被概括为 12 个字：“鼓足干劲，力争上游，多快好省。”党定下这条路线的出发点是尽快地改变我国经济文化落后的状况，但是，由于忽视了客观经济规律，这条路走着走着就给走偏了。任何事件的发展都得有个过程，我国落后的经济不是一两年就能发展起来的，但是，党没有关注到这一点，很自信地发动了“大跃进”运动。这场运动以实现工农业生产高指标为目标，在生产发展上追求高速度，要求工农业主要产品的产量几倍甚至几十倍地增长。例如，钢产量1958年要比1957年翻一番，粮食产量1958年要比1957年增产80%，甚至要在十年内让主要工业产品产量超过英国，15年内赶上美国（超英赶美），但实际上，这是不切实际的。

不过，人们不会管党的计划切不切合实际，他们不知道英国美国是什么水平，也不知道中国到底处在什么样的水平，总之一句话，党说要搞，那咱就拼命搞！就这样，全国形成了全民大炼钢铁和人民公社化的高潮，莫言不知道，正是这场运动将要给他的童年带来无数的风风雨雨。1960年以前出生的人一般都对“大炼钢铁”和“人民公社化”比较了解，问问他们，你就能弄清楚这是一场什么样的运动了。

那时候，“以钢为纲”，全民炼钢。铁矿不足，人们就不种田了，全都跑山上采矿去；燃料不足，人们就上山伐林，把座座青山砍成土包；甚至有传闻称，某地建造炼钢高炉的材料不足，一些人竟然去拆了文物，把砖块拿去造炉子。当然，后来的事实证明钢是不能当饭吃的。随着以高指标、瞎指挥、浮夸风和共产风为主要标志的“左”倾错误渐渐泛滥，“大跃进”由一场人民运动慢慢变成了一场深重的灾难……

“大跃进”开始以后，一大批来村里炼钢铁的陌生人住进了莫言家的大房子，家里的铁锅以及其他带铁的东西全都充了公。莫言的大家庭也不存在了，上小学的姐姐和二哥都辍了学，背着书包捡起了矿石，莫言和堂姐跟着奶奶住到大栏村陈家的房子里，一家人被分到这里那里，七零八落。自此以后，村里人吃饭都要去人民公社大食堂吃了。

人民公社大食堂就是“大锅饭”诞生的地方，什么是大锅饭呢？四句话：“吃饭不限量，吃菜不重样，吃饱不花钱，一心一意搞建设。”大锅饭的目的是好的，就是让人们一心一意投入到建设中去，快速走向共产主义。但是，那时候的中国哪里有那么多粮食来让大家“吃饭不限量”呢，于是多数公社大食堂办起来没多久，就寅吃卯粮了。最初食堂做的是干饭，后来慢慢成了稀饭，稀饭越来越稀，最后连稀饭也没了。也就是从那时起，莫言开始挨饿。

莫言关于公社大食堂的记忆有两段，一段勉强算作童年的美好回忆，另一段便让人心酸了，咱们先来说美好的。

那大概是1959年的秋天，四岁的莫言跟着村里人去公社大食堂打开水，结果走着走着，摔了一跤。莫言打小就一个人玩，摔过不知道多少回，这一跤对他来说是不痛不痒，转眼就爬起来了。不过，等他爬起来就傻眼了，因为他发现热水瓶已经不在手上，而是飞出去老远，瓶胆碎了一地。出大事了！一股强烈的恐惧感涌了上来，莫言跑了起来，当然不是往家里跑，他跑到一个草垛，钻了进去。在当时的农村，热水瓶有多珍贵你根本就想象不到，一般家庭都没有这个东西，弄个瓦罐，外面蒙上一层麦草，再用个草袋子垫着就是大多数家庭的保温瓶。莫言自己都觉得，他不可能被家里人饶恕了。莫言就这样在草垛里躲着，从中午躲到晚上，一直躲到母亲找来。黯淡的星光下，母亲一脸慈祥，不像是要打人的样子。母亲轻轻地将莫言从草垛里拉出来，领他回了家，莫言又是委屈又是感动。

第二段记忆是关于莫言的邻家男孩的。自从“大跃进”闹起来后，莫言每天都会跟着母亲去公社大食堂排队领食物，领到的食物不会很多，正常情况下是吃不饱的。食堂准备的一般都是稀粥，非常稀，里面和了些青菜，至于干粮那是非常稀罕的东西。有一次，邻居家的小孩不小心把刚领的一罐稀粥掉在了地上，他娘就狠狠地打了起来，小孩还没哭，他娘自个儿就哭了：“你个败家东西，好好的一罐粥就这么没了，这可怎么活啊……”他娘一边打一边哭一边骂，结果那小孩对娘的打骂无动于衷，居然自顾自地趴在地上舔起了粥，舔了几口后回头对娘说：“娘，别打了，赶紧来喝粥吧。喝一点赚一点，你再不喝连这点也没有了！”他娘一听觉得有道理，也趴到地上舔起了粥。这事儿放到现在是很可笑的，可是那个时候周围的人没有一个嘲笑这对母子，甚至纷纷夸起那个小孩，说他聪明。这是很真实的一件事情，几十年后，莫言在文章中提到这个邻家男孩时还说：“果然是人眼似秤，那当年的男孩，现在已经是我们村的首富。”

4. 风风火火战饥荒

“大跃进”开展不到一年，人们的生活已经大不如前，加上1959年开始的全国大范围自然灾害，人民公社连维持大家生命的粮食都提供不了，饥荒正式开始了！

这个时期是莫言童年中最黑暗的一段时光，公社食堂相当于废掉了，人们不得不开始向大自然乞讨。高密处在一马平川的平原地带，平原上密布着大大小小的河流，莫言家屋前是墨水河，屋后是顺溪河。墨水河、顺溪河有几处洼地，这里芦苇丛生、野草遍地、飞鸟盘旋、鱼虾成群，平时，这里只是孩子们的乐园，到了饥荒时期，这里就成了人们向老天爷索取吃食的场所。

这个时候莫言四岁，本是最需要营养的年龄，可是没有足够的东西来为他提供，他非常瘦弱，当然，大多数孩子都跟他一样。对于这个时期的孩子，莫言是这样形容的：那时候，孩子们都是觅食的精灵，我们像传说中的神农一样，尝遍了百草百虫，为扩充人类的食谱做出了贡献。那时候的孩子，小腿细如柴棒，脑袋大得出奇，瘦小的脖子看起来都承受不住大脑袋的重量。所有的孩子都挺着个大肚子，隔着薄薄的肚皮仿佛能看到里面的肠子在微微蠕动，那形象有些类似我们在电视里看到的非洲饥民的孩子。

每天，村里的孩子们就成群结队，像饥饿的野狗一样四处游荡，目的就是找到能吃的东西，他们去的最多的地方，就是村外河流附近的洼地。洼地一望无际，里面遍布着无数的小水汪子，各式各样的草根野菜非常之多，莫言他们常常在这里一边挖，一边吃。到底还是小，这样的情形也能玩出乐趣，这群孩子们挖着吃着，往往会满足地唱起歌来。

春天，洼地草丛会出现许许多多的蚂蚱，这些蚂蚱周身发亮，炒熟后全身会变成红色，在身上撒几粒盐，那真是又好看又好闻又好吃。莫言非常喜欢这种食物，至于吃了究竟好不好，那是不会管的。莫言是村里的捉蚂蚱冠军，他提着个葫芦头来捉，一个上午就能把葫芦头装满，其他人包括很多大人都捉不到这么多。其实蚂蚱非常难捉，它们弹跳力极好，一蹦就是几丈远，而且非常精，往往人还没靠近就蹦走了。但俗话说清水点豆腐一物降一物，莫言就有法子降住蚂蚱，他有个捉蚂蚱的诀窍，那就是动手之前，先用青草汁液把手染绿，这样去抓蚂蚱，蚂蚱很少乱蹦。莫言自己觉得是青草汁的味道把人手上的气味遮住了，所以蚂蚱发现不了，但事实是怎样的，谁也不知道。很长的一段时间，莫言都没有把这个诀窍告诉别人，连他最喜欢的爷爷都没告诉，因为他抓蚂蚱的功劳最大，奶奶就会分给他最多的蚂蚱吃。那时候，莫言几乎要把蚂蚱当饭吃，以至于到了后来，他想起蚂蚱就觉得一阵恶心。

到了夏天，莫言就吃不到蚂蚱了。1960 年前后高密的雨水特别多，夏天洪涝根本无法避免，洪涝会毁掉村里本来就不多的庄稼，但同时又会给他们带来其他的食物。洪涝来临，春天还能捉蚂蚱的洼地就不会有水汪子了，因为那里已经完全变成了一片汪洋，汪洋里会有许许多多的鱼。这时候，大人小孩都会上阵，拿起做农活的器具来洼地捕鱼，鱼味道鲜美营养丰富，是他们能吃到的最好的东西了。当时，莫言捕到过一条非常奇特的鱼，它身上是翠绿色，但鱼鳍和尾巴却是鲜艳的红色，村里的百岁老人看了都满脸讶异说没见到过。莫言家把这条鱼煮了吃，却发现腥臭难当，根本无法下咽，所幸并没有毒。不过，并不是整个夏天都能吃到鱼，因为饥饿的人比洼地里的鱼多，等人们疯狂一阵子之后，再想捕到鱼就很难了。没有鱼了，莫言会跟着大人去捞点浮萍或者水底的藻菜，然后煮成鲜汤。

秋天是另一个让莫言疯狂的季节，这个季节，洪涝退去，蚂蚱又回来了，而且不光是蚂蚱回来，很多其他能吃的虫子也随之而来了，比如蟋蟀、瞎眼撞、豆虫……蟋蟀比蚂蚱还要难捉，因为它不仅会跳，还会钻洞，莫言没有找到抓蟋蟀的诀窍，只能用最笨的方法去捉，但是一旦捉到几只，那就是非常美的事情。深秋的蟋蟀个儿大，颜色黑到发红，肚子里全是子儿，炒熟以后那味道很美，简直香到了无与伦比的地步。瞎眼撞是蛴螬的幼虫，因为它们晚上总是没头没脑地往有光的地方撞，所以莫言称它们为瞎眼撞。瞎眼撞全身黑亮，大小跟杏核差不多，晚上会聚在一起停在树枝或草茎上，一串一串的。这种虫子非常好捉，莫言叫上几个人去树枝上撸，一晚上可以把一个大袋子装满，这种虫子味道比不上蟋蟀，但也别有一番风味。至于豆虫，那就是很常见的白白软软、一条一条的虫子，高蛋白，非常可口。另外，秋天草籽也成熟了，草籽便是野麦子野稻谷之类的东西，将它们磨成粉，制成窝窝头，非常能饱肚子。

高密的高粱地

不过，秋天最让莫言印象深刻的还是螃蟹。“秋风凉，豆叶黄，蟹脚痒”，一到秋天，螃蟹必定会成群结队地沿着河流往下游游去，爷爷告诉莫言这是因为螃蟹要到海里去产卵，不过那时的莫言却觉得它们是要到某个地方开会。河里螃蟹虽多，但想要凭一双手捉到它们几乎是不可能的。捞螃蟹是个技术活，莫言六叔很会这个，莫言至今都还记得跟着六叔捞螃蟹的情景。白天，六叔会先看好地形，在河沟里最合适的地方用高粱秸梗扎上一道栅栏，并在栅栏某处留上一个口子，然后在口子后面撑开一个口袋网。晚上，莫言和六叔头戴斗笠，身披蓑衣，手提马灯到栅栏边等着，借着微弱的灯光，能看到一队队螃蟹沿着栅栏往上爬，其中一些便会傻傻地进到他们安排的口子，落入袋中，等螃蟹够多了，六叔便下水收袋。捉到的螃蟹莫言他们是不能吃的，六叔会用绳子把螃蟹们绑起来圈成串，提去卖给公社干部。得来的钱会被换成高粱米、棉籽饼，不过这高粱米和棉籽饼也不能随便吃，家人会将其磨成粉储存起来，等到实在找不到东西吃的时候再拿出来。后来，正是这高粱米、棉籽饼磨成的粉帮莫言家度过了最艰难的时期。

现在谈论莫言那时的生活或许还觉得新奇，挖野菜、捕鱼、捉蚂蚱多有趣！但实际上，并非如此，吃一次野菜、虫子或许很过瘾，但如果只吃这些东西，那就让人很难忍受了，更何况连这些东西都不充足。这样的生活在现在看来很有味道，但其中的苦楚只有莫言知道，只有那个时代的人知道。

5. 漫长冬天

春天夏天秋天倒还好，虽然吃不饱，人还能活下来，到了冬天，一些人连活都活不了了。1959 年的冬天格外漫长……

这年冬天，冰冻三尺，草木凋零，鱼没了，虫子没了，连草也不多了，那吃什么呢？有人发现，浸过水的洼地地面上有一层干结的青苔，把青苔放到水里泡一泡然后烘干，就能得到一种酥如锅巴的东西。消息一传开，村里村外的人们纷纷跑向洼地，像揭饼一样把青苔一大块一大块地揭起来，烘干了吃，最后那一望无际的洼地上几乎没有青苔了！青苔吃完了又吃什么呢？树皮！

树皮这东西无法嚼碎，就算嚼碎了也难以下咽，不过很快人们就发现了一个好办法——先把树皮剥下来，用斧头剁碎，越碎越好，然后将得到的东西放进缸里泡着，泡到一定程度以后就拿根棍子拼命搅，直到缸里形成一团糨糊状的东西。最后得到的这种糨糊很好下咽，煮热了就可以直接吃了，人们还发现，榆树皮最好吃，柳树皮次之，最难吃的是槐树皮。

要煮树皮的话又有了一个问题，煮得要锅啊，大家的锅都被拿去大炼钢铁了，拿什么煮呢？瓦罐！瓦罐可跟炼铁扯不上关系，所以大家都还有。不过瓦罐有一个缺点，就是容易炸，煮个几次就废掉了，所幸莫言家不用担心这个，因为他们家有一个烹煮神器。莫言玩耍时曾在废铁堆里捡到过一个钢盔，那是日本兵留下的，莫言戴着钢盔玩过一阵，玩腻了就丢在了家里。后来莫言的妈妈发现，这钢盔不怕摔不怕烧，煮起东西来还热得格外快，于是就把它当成了锅，那个时期莫言和哥哥姐姐们吃的野菜、草根、树皮都是用这钢盔煮熟的。

莫言家依靠树皮以及存下来的高粱面、棉籽面度过了漫长的冬天，但其他家庭就没这么幸运了。到了1960年春天，莫言发现，很多曾经熟悉的面孔不见了，他们饿死了，因为不是所有家庭都存有高粱面，也不是所有孩子都能捡到钢盔。

1960年的春天，饥荒已经达到了一个极其恐怖的程度。谷壳、米糠、草根、树皮，乃至屋檐上的草全都没了，有些人尝试着继续扩展菜谱，往哪方面扩展呢？蝎子、泥土、煤块、生铁、钢筋……

有人说洼地南边有一种白色的土可以吃，于是一大拨人跑去挖来吃，结果发现的确是能吃进去，不过吃进去了就再也出不来了，因为这东西根本无法被人体消化，于是，吃得稍多的人就死了。

这个时候人们对死已经习以为常，因为村里每天都会有人死。起初有些人死了亲人还会哭上一阵，跑去注销户口，不久以后就不这么做了，因为他们已经饿得没有力气再哭，力气要留着挖坑埋葬亲人。坑挖浅了还不行，因为狗和人一样饿红了眼睛，下葬时它们就在远处等着，等人一走就过来刨坟，至于刨坟干什么大家应该能够想象到。能制住狗的只有个别干部，因为他们手里有枪，但是他们一般又不会打狗，因为他们不敢吃啃过人肉的东西，宁愿把子弹留着打鸟吃。

这些事情现在听起来很夸张，但是真真实实发生过的，莫言曾这样描述当时的样子：我们先是吃树上的叶子，树上的叶子吃光后，我们就吃树的皮，树皮吃光后，我们就啃树干。那时候我们村的树是地球上最倒霉的树，它们被我们啃得遍体鳞伤。那时候我们都练出了一口锋利的牙齿，世界上大概没有我们咬不动的东西。我一个儿时的伙伴后来当了电工，但他的工具袋里从来没有钳子或者刀子，粗钢丝，铅笔那么粗，他可以直接咬断。别的电工必须用钳子刀子完成的工作，他用一口牙齿就可以完成。

6. 饥饿中的小学

就是在这样的环境中，莫言渐渐长大，到了上学的年龄。

1960年，莫言开始读一年级。其实那时也是有幼儿园的，但是管理幼儿园的几个女人对孩子们非打即骂，经常将孩子们弄得鼻青脸肿，更可恶的是，她们连给孩子们发放的一点点仅供生存的口粮也要克扣。出于这些原因，莫言被直接送进了小学，后来莫言常说他读了几个一年级，就是因为他提前进入小学了。

莫言读的小学名叫高密县河崖人民公社大栏小学，那是由庄里的大户单家曾经的老房子改成的。单家以前是地主，这栋老房子在当时很豪华，它可不是普通的草顶房子，是真正的大瓦房，又宽敞又明亮，周围八九个村的孩子们都在这里上学。

入学前，母亲给莫言缝了个书包，书包由几块蓝布拼成，很简单但是很结实。书包里放着几支石笔（类似粉笔）、几本旧书、一块垫书的石板，后来莫言又把哥哥读完的高年级的书装了进去。书包鼓鼓的，莫言感到很满足，偶尔还要在同学面前炫耀一下。

学校离家很近，中间只隔着一条南北走向的胡同，学校的读书声在莫言家里就可以听到，所以莫言每天很早就能到学校。莫言是这样形容自己初进小学的样子的：穿着开裆裤，两个裤腿高低错落、参差不齐，两条黄鼻涕拖到嘴上，每隔半分钟就吸一次，吸不动了就抡起袖子一扫而光，冬天的衣袖似战士的铠甲，闪闪发光。

十里八乡的孩子都在这里读小学，所以即使是同班，学生们年龄也是参差不齐，最大的都已经长胡子了，而提前入学的莫言还穿着开裆裤。莫言年龄最小，非常弱势，常常会受到欺负，经常哭鼻子，也经常往家里跑。课间的几分钟莫言也要往家里跑，理由很多，可能是喝水，可能是拿干粮，可能是肚子疼……

当然，进了学校还是得挨饿。这年冬天，学校里拉来一大车上好的煤，一团团煤块黑得发亮，看起来很好吃，莫言他们立即打起了煤的主意。班上有一个患有痨病的同学，姓杜，这杜同学饿得不轻，看着亮晶晶的煤块直流口水，下了课也不管三七二十一，奔到煤堆前就捞上几块放进嘴里嚼起来。他吃了几块，觉得不过瘾，又掏了几大块咯嘣咯嘣地嚼，其他同学都问他怎么样，他只说："很香，越嚼越香！"这下，同学们都坐不住了，五岁的莫言当然也坐不住，于是，一大帮子学生都跑来拿煤块吃，结果发现的确是越嚼越香。他们吃到上课还不解馋，又各自挖了几大坨带到教室去吃。教一年级的是个女老师，姓俞，本来是个美人胚子，但是长年挨饿，脸色蜡黄，看起来很老。俞老师上课时发现学生们嘴里都含着东西，教室里咯嘣咯嘣响成一片，就问他们在吃什么，学生们张开嘴，乌黑一片。呀，这群野孩子真是没教化好，竟然吃煤！俞老师有些生气，但是学生们都说香极了，还要她去尝尝。俞老师一脸狐疑："煤怎么能吃？"这时一个女学生想讨好老师，就从口袋里摸出一块煤递给俞老师。俞老师龇着牙啃下一小块，非常小心地品着，结果没过几秒钟就停不住了，咯嘣咯嘣大口大口地嚼了起来。她也知道煤是不能吃的，但是饥饿告诉她，煤很香，不要停。于是，满教室人就这样吃着煤块上着课，开心极了。后来村里一些大人们听说煤块好吃，也跑进学校来尝，校长看大家越吃越凶，就出来制止，结果"尝一尝"变成了疯抢。莫言成人以后想起吃煤的经历，一度不敢相信，认为是自己记忆出了问题，于是他就跑去问当年在学校看门的王大爷，王大爷说："那不假，我都记得，同学们的屎里都能找出煤饼来。"

饥饿是生活常态，村里经常有人饿死，莫言放学以后，还得趁着日头没落山，抄起筐子出去挖一阵野菜，而他的姐姐已经退学，专门负责给全家挖野菜。他们家附近最大的一条河是胶河，胶河大堤上长有一种名为“齐齐毛”的植物，这种植物味道很苦，叶子上还有毛，但人吃了不会出问题，莫言经常挖这种野菜。胶河里总有一群杂毛野鸭子，它们时而将嘴壳子扎进水里吃东西，时而对着莫言咕咕直叫，莫言很想将它们弄到手烤了，但除了枪子，似乎没什么东西能抓住它们，所以他只有吃野菜的命。

莫言一天天成长，对生活渐渐有了感悟，开始能理智地去思考贫穷与饥饿。某个下午，莫言放学回家，看到母亲坐在梨树下捶打野菜。梨树上白花盛开，母亲就坐在花下，用洗衣服的棒槌在大石板上捶打野菜。她狠命地挥动着胳膊，绿色的汁液被捶打出来，溅到她胸前，散发着苦涩的味道。味道一直弥漫到莫言的心里，他的心随着那一声声敲打声阵阵紧缩，他开始思考：为什么我们要吃野菜，为什么我们要挨饿？粮食呢，粮食到底被谁吃了？思考当然是不会有结果的，粮食不会有，他们依然要挨饿。莫言想起了母亲经常提到的一个梦，梦中，母亲从外祖父的坟前经过，结果外祖父从坟里出来了，说自己其实还没有死，只是一直住在坟里而已，于是母亲就问外祖父吃什么，外祖父答道：“吃棉衣和被子里的棉絮。吃进去，拉出来；洗一洗，再吃进去；拉出来，再洗一洗……”做了这个梦以后，母亲还经常狐疑：棉絮会不会真的能吃？

1961 年春节，政府给每人发半斤豆饼过年，每家由一个人去领。本来，这是件让人欢欣鼓舞的事情，但长期的饥饿状态，让这件好事最终变成了坏事！莫言家的邻居孙家，派年长的老头子去领豆饼，莫言平时叫这个老头孙大爷。这孙大爷领了豆饼用衣襟兜着，一边往家里走一边往嘴里塞，还没到家，半斤豆饼全给塞进肚子里了。孙大爷进了屋，嘴角还挂着饼渣，却拿不出一块豆饼，一大家人顿时就把他包围起来，又是哭又是骂又是打，只差把他的肚皮剥开把豆饼挖出来。孙大爷也恨自己嘴巴不争气，他眼泪汪汪地躺在地上，任由家人拳打脚踢，一声不吭。当天夜里，孙大爷死了，当然，不会是被打死的，是因为吃了太多豆饼口渴，又喝了太多水给活活胀死的。孙大爷一死，家人把他抬到野外埋了，没有流一滴眼泪。这一次的年关豆饼，胀死的不止孙大爷一人，全村总共胀死了 17 个，硬生生地把春节过成了丧葬大会。很多年后，莫言到生产队做喂牛的工作，偷吃饲料豆饼的机会很多，但他从来不敢放开肚皮吃，因为他总会想起孙大爷，生怕重蹈他的覆辙。

7. 大肚肠子和开裆裤

到了 1962 年，自然灾害轻微了一些，国家总算有了点粮食，三年困难时期宣告结束。但是，三年困难时期结束并不代表困难真的结束，村里依然吃不饱，只能说饿死的人少了一些而已。莫言的饭量已经开始变大，但粮食依然不够，野菜依然是必需品。每天晚上，一家人都要围着低矮的木桌，喝难以下咽的野菜汤。莫言有个堂姐，比他大四个月，每次堂姐吃饱了，莫言却还吵着说还没吃饱。母亲害怕影响他们发育，有时会给他们煮上两个地瓜或者高粱饼，但莫言还是觉得从来都没吃饱过。

奶奶有几块卷曲的黑色红薯干藏在黑瓷碗下，之所以是黑色，是因为早就发霉了。莫言吃着饭还常常盯着那几块红薯干，母亲拿筷子敲他让他别惦记，但一点用也没有。后来，奶奶遂莫言的愿给他和堂姐一人一块红薯干，但莫言还是不高兴，认为堂姐的红薯干大一些。莫言强行和堂姐交换红薯干，换来以后又觉得还是自己的大一些，于是又去争抢。结果抢了几次以后，堂姐就哭了起来，婶婶看到女儿受欺负脸一沉也跟着哭了起来。父亲、奶奶都骂起了莫言，莫言也哭了，一边哭一边把发霉的红薯干往嘴里塞。母亲举起了巴掌，但最终没有打下去，叹息了一声把巴掌放下了，她跟婶婶、堂姐赔不是，说不该生这么一个大肚肠的儿子。

这个时期的莫言好吃，就像饿死鬼托生，可是吃得多偏偏做事又不行，而且还长得丑。他一头乱毛，两只眼睛非常小，鼻子是塌鼻子，耳朵却又很大，姐姐常说他能气死画匠，莫言也常说自己的童年格外丑，他在一篇文章中提到：我的童年丑极了，小脸抹得像花猫绿狗，唇上挂着两条鼻涕，乡下人谓之曰“二龙吐须”。可能是个好苗子，可惜正长身体时饿坏了胚子，结果长成了现在这个弯弯曲曲的样子。

莫言在学校也不受欢迎，高个子同学经常欺负他，同学们做游戏都不愿和他一组，于是他常常只能眯着眼睛站在一边看人家玩。那时莫言的自理能力还很差，穿的还是开裆裤，一些男生使坏，总往他裤裆里塞东西。后来，老师进行家访，让莫言母亲将莫言的裤裆缝上，母亲便不再给莫言穿开裆裤。然而，莫言还是常常闹笑话，因为他不太会系裤腰带，有时会系成死结导致半天解不开，有时又系得太松，运动时会掉裤子，朗诵课文时也会掉裤子。

第二章
孤　独

1. 坏学生养成记

1964年，莫言读到了三年级，学校最严厉的张老师成了他的班主任，莫言把这位老师称作“狼老师”。狼老师是县城的师范学校毕业的，他的观念是，学生就是毛料，老师的责任就是把这块毛料变成能为革命献身的栋梁，要让学生成为栋梁就得严厉，而严厉就是打！于是乎，狼老师经常对学生实施体罚，那些喜欢调皮捣蛋的学生在他手里可吃了不少苦。

狼老师上课时讲桌上摆着一副弹弓和一条白皮鞭子，学生不听话，坐得近的使鞭子，坐得远的使弹弓。狼老师的弹弓使得出神入化，随手捻个弹子，指哪儿打哪儿从来都不用瞄的。那时学生们常常光着膀子来上学，因此一旦犯错，肚皮上就难免吃狼老师的弹子。夏天，一些学生中午放学后喜欢偷偷溜到河里泡澡，

等他们返校上课，狼老师就会用指甲在他们胳膊上划上一道，在河里泡过澡的胳膊上就会多出一道白痕。狼老师就会把这些不听话的学生拉到太阳底下暴晒一小时，说是“晒油”，据说还有学生被晒晕。

不过，这位狼老师并不是只会体罚学生，他的确有真才实学，正是他发现了莫言的写作天赋，给了莫言比较多的引导。

有一次，学校举行五一劳动节体育比赛，狼老师就让学生们以比赛为主题写一篇作文，大多数学生都是记流水账，把所有的比赛一项一项排列下来，唯有莫言另辟蹊径，对篮球比赛进行细致描写，将选手们的动作、表情写得惟妙惟肖。狼老师看了莫言的作文，感到难以置信，这总闹笑话的小屁孩，怎么能写出这么好的作文？

这天晚上放学，狼老师让莫言留了下来。看到同学们渐渐走光，莫言吓得尿都快出来了，因为根据以往的经验，狼老师留人，那这人一定会遭大殃的。莫言正打着战寻思着今天犯了什么错，狼老师却将他的作文本丢到桌子上，问他作文是从哪里抄来的。莫言听了满脸疑惑，说作文是自己写的。狼老师看着莫言的表情，觉得他不像是在骗人，于是就出了个题，让他当场写一篇作文。莫言的确有写作天赋，拿起题目略一思索，思路就开了，在很短的时间就完成大作交给了狼老师。狼老师一看作文，连连感叹：“人不可貌相，海水不可斗量，就这副模样居然还能写出这么好的作文。”

从这天开始，狼老师开始关注莫言，每次莫言写了作文，他就会认真批改，只要文章中有出彩的地方，他就会当做范文给学生们朗读，甚至还拿到中学去读。每周两节的作文课，狼老师都会花很多时间专门来点评莫言的作文。狼老师的作文课也很有趣，他不喜欢在教室里讲作文，总把学生带到外面去，让学生们一边观察一边写。莫言很喜欢这样的教学方式，作文课上得非常带劲，水平也提高得很快，于是更多的作文就被狼老师拿去当范文了。一来二去的，莫言在学校混得小有名气了。

莫言由被同学们看不起，到现在扬眉吐气天天受老师表扬，那感觉完全不是一个概念。渐渐地，莫言胆子大了，尾巴也翘了，说话开始口无遮拦起来，当然，莫言本身其实是一个喜欢凑热闹、多嘴多舌的孩子。

四年级时，学校开了次家长会，号召同学们不要光膀子上学，并且明确规定，不能光屁股或者穿开裆裤上学。莫言对这件事很有意见，私下里就对同学们说，这是奴隶主的做法，学校就是监狱，老师都是奴隶主，学生都是奴隶，奴隶必须听奴隶主的。莫言本来对奴隶、奴隶主什么的也不大了解，听的同学也是一知半解，但是大家都知道，这不是什么好话，于是，有几个警惕性高、时时刻刻想着讨好狼老师的同学就把莫言给告了。

狼老师知道这件事后，心头一惊，这孩子思想太不单纯，以后怎么成为栋梁？而且，他竟然还敢污蔑老师，可得好好调教一下了！狼老师马上在班上组织了一次批判会，全班人把莫言围在中间，一个个对莫言进行批评。莫言内心无比恐惧，站在中间一动也不敢动，默默接受批评。轮到一个女生批评了，这小姑娘比莫言大一点，长得挺可爱，莫言还挺喜欢的。小姑娘走到莫言面前愣了半天，和莫言大眼瞪小眼，没憋出一句话来。小姑娘实在不知道说什么，她只知道莫言犯了错，但是个什么性质的错、有多严重那是一点也说不出来。看到大家都望着自己，小姑娘慌了，一张小脸涨得通红，像自己犯了错似的。突然，她灵光一闪，想到自己犯了错那是得挨巴掌的，于是，她抡圆了胳膊以迅雷不及掩耳之势朝莫言的脸蛋儿扇了过去……

“啪”，莫言愣住了，他被打蒙了，过了好几秒才反应过来自己被打。他嘴巴一咧，顿时就哇哇地大哭起来。发现把人打哭，小姑娘也吓得要哭，连忙跑回座位坐好，这一巴掌应该能表明自己的阶级立场了。

“哭什么哭，不许用这种方式来对抗批判！”狼老师叫道。莫言不敢哭了，拼命忍住眼泪，但全身却不听使唤，嘴巴还是咧着，鼻子还是抽着，眼泪鼻涕还是哗啦哗啦地往下淌。狼老师非常满意，觉得这批判会很有教育意义，特别是那最后的一巴掌，扇得太到位了。不过，这事儿并不会这么简单地就算完，批判会结束以后，狼老师又把莫言拴到教室后面，然后站在讲台上用那百发百中的弹弓术进行了第二次教育。弹弓教育结束后，这事儿依然没完，狼老师又把莫言告到了学校领导那里。

学校领导的警惕性比狼老师更高：不得了啦，一个十岁不到的孩子竟然说出老师是奴隶主这样的反动言论，保不准背后有居心叵测的人在指使。学校领导专门为此事开了个会，起初想将莫言送到警察局，但是因为莫言年龄太小而作罢，最后决定还是给个警告处分算了。那时候警告处分是一件相当严重的事情，比现在的处分严重多了。就这样，莫言用作文积累起来的名声没有了，他成了学校里最有名的坏学生，从此以后，学校里一发生坏事，大家第一个想到的就是莫言。

2. 处分撤销

很长一段时间，莫言都不敢把受处分的事情告诉家里人，他惶恐不安，生怕父亲知道了这件事。莫言的父亲在一开始就提到过——管贻范。管贻范一直在生产队里做会计，他严于律己，不苟言笑，多年来没有算过一笔糊涂账。在教育孩子方面，管贻范喜欢采用暴力手段，在他眼里那半大不大的娃就是辆破车，得隔三差五地整一整，敲一敲，三天不打，上房揭瓦，如果十天不打，那就飞到天上去了。之所以每次犯了错莫言都吓得不敢回去，很大一部分原因就在这严厉的父亲身上。

不过俗话说得好，好事不出门，坏事传千里，最终莫言受处分这事儿还是被管贻范知道了。有一天莫言回到家中，管贻范就盘问起来，莫言一想瞒不住，索性直接招了。这一招就不得了了，管贻范的巴掌马上就举了起来，莫言一看这架势，觉得有些扛不住，但逃跑肯定是不明智的，算了算了，不就是一顿巴掌嘛，咱轰轰烈烈地吃了。莫言连退两步，冲着父亲大叫道："打吧打吧，您要打就打死我。如果您嫌打我手累，让我去跳河，那我现在就去跳河死了算了！"

管贻范瞪着莫言，巴掌渐渐放了下来，也不知道这天是他心情大好还是莫言太滑稽，最后他居然对莫言笑了一笑，说："算了，还是不打死你了，饶你一次吧。"说完，管贻范回头做自己的事儿去了。

莫言望着父亲的背影，眼睛瞪得老大，他完全不敢相信父亲居然放过他了，平时犯芝麻大点错就是一顿好打，这次受了处分居然能逃过一劫！为什么？莫言也想不通为什么，但是他从这天起下定决心要改过自新重新做人，坚决不再多嘴多舌，做一个人见人爱的好孩子。

莫言开始积极表现自己，那个时候是冬天，莫言每天早早起床，从家里悄悄拿些柴火去帮学校生炉子，有时还跑去帮村里年老的贫农提水。莫言做得最多的是割草喂狼老师养的两只兔子，兔子生了小兔，莫言还从家里偷了一把豆子和一个胡萝卜给母兔子坐月子，那真是照顾得无微不至。后来，小兔子能独立吃食了，莫言就不辞辛苦，把大兔子背到集市上卖了，换来十元巨款交给了狼老师。狼老师拿了钱，连连称赞莫言能干，看莫言的眼光也由敌人变成了同志。莫言姐姐讽刺莫言说："你在家里好吃懒做，在学校却屁颠屁颠地帮老师干活，老师该发展你入团了吧？"从姐姐的话里就可以明显看出，莫言到底有多积极。然而，莫言的积极并没有立即换来处分的解除，因为大家都认为他是在伪装先进，等处分一解除，他肯定又恢复原样了。

这一天，莫言跑到狼老师的寝室喂兔子，发现狼老师不在，心中不禁一动。一般情况下，狼老师都是在的，狼老师很爱学习，总是在读书，有时在床上读，有时在桌上读。莫言伸长了脖子，左看看右看看，确认狼老师确实不在以后，便蹑手蹑脚地走到床边。狼老师的枕头上反扣着一本《吕梁英雄传》，莫言像做贼一样拿起书翻了起来，起初，他还时不时回头看看门口，不过没过几分钟就完全入迷了。等莫言从书中回过神来，狼老师正睁大眼睛瞪着他。莫言低着头浑身直打哆嗦，脑子里开始幻想狼老师会用什么法子整他。

“管谟业，根据你最近的表现，学校决定撤销你的警告处分了。从现在开始你就是一个没有问题的学生了。”狼老师大声说着，莫言呆呆地望着狼老师恍若梦中。

莫言的处分撤销并不是因为帮狼老师做事，而是因为一位名叫王兆冲的老师。王兆冲老师是一个真正的好老师，他当时的家庭出身相当好，贫农出身，还是“烈属”，“烈属”就是烈士家属，那是一个可以让人闪闪发光的称号，更重要的是，他在学校里还是属于领导级别的人物，说话是有一定权威的。不过，王兆冲老师从来没有因为自己的地位而目中无人，他谦虚谨慎，总是尽已所能去帮助学生。某天午后，莫言准备进教室，看到一些同学在教室里睡午觉睡得正酣，就站在门口把脚上的“呱哒”脱了。“呱哒”是当时高密流行的木拖鞋，走起路来会发出“呱哒呱哒”的声音。莫言提着“呱哒”，轻手轻脚地走进教室，结果这一幕恰巧被正在巡查的王兆冲老师看见了。王兆冲想到莫言可能是怕吵到同学才脱鞋子的，于是就招呼莫言出来，然后问他为什么要脱鞋子，莫言果然答是怕吵到同学。后来，王兆冲在学校的会议上专门把这件事提了出来，说莫言表面上看起来坏，实际上品质很好，主张撤销他的处分。之后，学校综合莫言几个月来的表现，把他的处分撤销了。

莫言明白了一切，嘴巴一撇，呜呜哭了起来，这么小就受了学校那么正儿八经的处分，的确是太委屈他了。狼老师看莫言翻了他的书，一脸讶异地问：“你还喜欢看书？”莫言答道：“喜欢，我最喜欢看书了！”

狼老师把《吕梁英雄传》收了起来，拿出一本《踏平东海万顷浪》递给莫言："刚刚那本书不适合你，你看这本吧。"

3. 另一种食粮

莫言因祸得福，一句"老师是奴隶主"让他受了处分，因为处分和狼老师搞好了关系，后来处分撤销了，和狼老师的友好关系却还在，而这种关系表现在物质上就是书了。从那天开始，莫言正式得到了狼老师的许可——他可以放心地拿老师的书看。

狼老师之所以不让莫言看《吕梁英雄传》，是因为里面很多情节涉及了男女情爱，不过莫言可不管这么多，只要是书，他就看。莫言是真心喜欢看书，可以说书是除了食物以外唯一一种可以让他不顾一切的东西。那时候，莫言不知道收音机是什么，更不知道电视机是什么，唯一一种文化娱乐活动就是看电影，不过放映队只是在春节前后可能来放一放，其他时候要看就得跟着大哥跑到很远很远的地方去。相比之下，显然是书更易得也更可靠。

莫言看的第一本"闲书"是《封神演义》，那是他邻村一个石匠家里的传家宝。这《封神演义》是一套书，书中还带有插画，为了看这套书，莫言曾跑去给石匠拉磨磨面，他拉半天的磨，就可以看两个小时的书。看的时候，莫言还被规定只能在磨道里看，而且还得由石匠的女儿监督着，时间一到书就得收走，想看就得继续拉磨。那时村里没有钟也没有表，两个小时究竟是多久全由石匠女儿说了算，她要心情好，指不准两个小时可以让莫言看四个小时，她要心情不好，那才看几页两个小时就算过去了。为了讨好石匠女儿，莫言曾冒着被打残的危险去村外偷杏子，然后一边流口水一边把辛苦得来的杏子拱手送给那个让他又爱又恨的小姑娘。

莫言很快看完了《踏平东海万顷浪》，看完后马上就去找狼老师换书，狼老师又借给他一本《红旗插上大门岛》。《红旗插上大门岛》是讲解放军攻打沿海岛屿的，起初狼老师还选这些关于革命、关于战争的书借给莫言看，后来莫言看得快了，狼老师也就不管那么多了，不到半年时间，狼老师的藏书全被莫言看完了。这狼老师教训起人来够狠，做起朋友来又够义气，他自己的书被莫言看完以后，还去别处帮莫言借书。在狼老师的帮助下，“文革”前出版的一些有名气的小说，像《烈火金刚》、《苦菜花》、《红日》、《红岩》等全被莫言给看了。

最初莫言借到书并不敢明目张胆地看，他总会找个草垛躲起来，一口气看完再出来，往往出来时身上已经被蚂蚁咬得全是红点。为什么要躲起来看呢？因为这些书在大家眼里都是闲书，闲书是闲人才会看的。

有一次，莫言借到一本《青春之歌》，书拿到手时已经是下午了，按道理他得割草帮公家喂羊，没做到位可能要挨打，但他还是忍不住钻进草垛忘掉一切津津有味地看起书来。等他看完从草垛爬出，日头已经西沉。母亲走了过来，却看到羊在圈里饿得咩咩直叫。莫言咽了口口水，回味着书里的情节顺便等着挨骂。母亲看到他抱着书一副魂不守舍的样只是叹了口气，挥手让他赶紧去割草。莫言一看母亲的反应如释重负，心情顿时好得要命，他拿起刀像条抢食的狗一样奔了出去，感到从未有过的满足和幸福。

母亲是支持莫言看书的，后来在莫言看书时还常常打掩护。

那时家家户户都有石磨，磨磨得靠人力，有面要磨莫言就得帮忙，如果他手头有书那磨磨就变得很煎熬了。磨磨时，莫言要把书放到磨盘上，一边推磨一边歪着头看。母亲见莫言看得这么艰难，于心不忍，往往会偷偷给莫言放假，然后一个人磨。母亲的影子在前面晃动，莫言盯着书，心里非常愧疚，但愧疚还是敌不过书的诱惑。

后来有一次老师家访，提到莫言喜欢读书的事情，把莫言狠狠地夸了一顿，说只要他坚持读书，作文一定会写得更好。管贻范听了以后，对莫言读“闲书”改变了看法，从此，莫言可以在家明目张胆地看书了。

那时村里没有通电，照明全靠煤油灯，但是每户人家每年只有两斤煤油，所以用得非常节省，莫言看书可以，但显然是不会有额外点灯的特权的。不过，晚上做饭是必须要点灯的，莫言若想晚上看书就必须利用这点时间。他们家的煤油灯就挂在堂屋门框上，灯火如豆，莫言个子矮，踮脚踏在门槛上才能清晰地把书照到，久而久之，门槛上都被踏出了一个豁口。

不过，这豁口也并不是他一个人踏出来的，他二哥管谟欣也出了力。

二哥管谟欣也爱看书，他比莫言大五岁，借书的路子也更广。但这个二哥对莫言并不好，借来的书都舍不得给莫言看。管谟欣看书的时候，要是莫言在一旁，他就故意将书翻得很快，生怕莫言看到了。管谟欣要出门，就会把书藏在一些稀奇古怪的地方以防莫言找到。有一次，管谟欣借了本《破晓记》，藏在猪圈的顶棚上，莫言去找，结果一头撞在了马蜂窝上，顿时就被蜇了个痛快。

莫言顾不上疼，只想在二哥发现之前把书看完，但是看着看着就看不见了，因为眼睛已经肿得连缝都没了。管谟欣回到家，第一件事不是看莫言的伤势，而是把书夺了藏起来。没了书，莫言顿时就感到头上无比疼痛，呜呜哭了起来。管谟欣想了想，害怕母亲责骂，就对莫言说："你要说头上是自己上厕所不小心弄的，我就让你把《破晓记》读完。"莫言愉快地答应了，但到了第二天，等他头上消了肿，管谟欣却怎么也不认账了。

莫言那时读的印象最深的一本书是《三家巷》，书中主人公区桃那甜蜜又忧伤的爱情故事让莫言如痴如醉，一个个人物活灵活现，不断在他脑海里萦绕。后来，区桃在游行中被子弹打死，莫言伤心不已，趴在草堆上就抽泣起来。哭了还不算完，后来好长一段时间，莫言都怅然若失，无心听课，区桃的影子一直在他眼前晃来晃去，他的语文课本的空白处，密密麻麻写满了区桃的名字。班干部看了莫言的举动，说他是流氓，最后还告诉了老师。那个老师不大看书，对莫言感叹道："唉，现在思想就这么复杂，以后可怎么办啊！你这思想太不健康，是中了资产阶级的流毒知道吗?"然而，莫言还是一如既往的"思想复杂"，等他借到《钢铁是怎样炼成的》，又马上沉醉到保尔·柯察金和冬尼娅的爱情故事里了。

那段时间，莫言过得太滋润了——困难时期已经过去，不用担心被饿死；和狼老师搞好了关系，不用天天挨弹子；作文写得好常受老师表扬，在同学面前抬得起头；老师家长都准许他看闲书，可以肆无忌惮地享用精神食粮。这是莫言童年时期最幸福的一段时光，可惜的是，这段时光并没有持续多久，因为——"文化大革命”到来了！

4. 糊里糊涂闹革命

莫言读五年级的那一年，也就是1966年，毛主席认为党和国家面临资本主义复辟的危险，于是发动了一场影响全国的“文化大革命”。革命的出发点是揭露党和国家生活中的阴暗面，防止资本主义复辟，维护党的纯洁性和寻求中国自己的建设社会主义的道路。毛主席的思路本来有些错误，结果林彪、江青领导的两个企图篡党夺权的反革命集团便利用毛主席这一错误，相互勾结，倒行逆施，大搞破坏，使革命变成了一场彻头彻尾的动乱。动乱愈演愈烈，大到国家领导人，小到学校领导和教师都受到批斗，有些无辜的人甚至被批斗至死，全国上下一片混乱，莫言所在的高密县河崖人民公社大栏小学也被卷入了纷乱之中。纷乱之中的学校就很少上课了，不上课干吗呢？一个字，“斗”！老师斗，学生也斗。

学校的老师分成了两派，一派是“高密红卫兵团部”，另一派为“鲁迅战斗队”，两派老师经常发生冲突，冲突的宗旨是动口不行直接动手。学生也要分派，“地富反坏右”（地主、富农、反革命分子、坏分子、右派）的后代站一起，贫下中农的后代站一起，而莫言的身份比较尴尬，因为他的家庭成分是富裕中农。富裕中农不是贫下中农的敌人，但又不能跟着贫下中农革命，他们做事要非常小心，得时时看着贫农和干部的脸色行事，因为稍一疏忽，就可能被打到“地富反坏右”中去。莫言当然是想站到贫下中农的队伍里，因为毛主席向着穷人嘛。那时候，“地富反坏右”是抬不起头的，他们就像过街的老鼠——人人喊打。贫农是非常光荣的，他们是革命的中坚力量，而且，越穷越光荣，穷到全家只有一条裤子穿的时候，那就光荣到没边儿了。

不久以后，上边来文件了，说革命也要团结富裕中农，这样可以充实革命力量，于是，莫言如愿站到了贫下中农的队伍里，参加到风起云涌的革命运动中。

莫言在革命中相当卖力，学校成立了宣传队，莫言就是宣传队的骨干。宣传队每天都要编排和表演节目，莫言除了表演一些背诵之类节目外，还常常参与节目的编排，因为他很有才，会编打油诗、快板之类的东西。莫言家乡种的麦子名为“和尚头”，产量很低，后来政府普及新麦种“鲁麦一号”，老师就让莫言去宣传，于是莫言当即写了一首打油诗，和一批同学跑到集市上去叫喊：“贫下中农听我吼，今年不种‘和尚头’。‘鲁麦一号’新品种，蒸出馍馍冒香油。”老师让莫言编顺口溜批判“三家村”，莫言马上就编了出来：“三家村，四家店，都是一些大坏蛋。邓拓、吴晗、廖沫沙，三人合伙去偷瓜。”邓拓、吴晗、廖沫沙都是当时因为写文章被划为“反动分子”而遭到迫害的人。

有一次莫言大哥管谟贤放假回家，嘲讽莫言的革命是小打小闹，说他们大学那才是真革命，学生们都去造老师的反了。莫言一听，心中不服，哼，我也能造反！马上，莫言就纠合了一批死党，成立了一个“蒺藜战斗队”。蒺藜是高密很常见的一种带刺植物，莫言这么命名意思就是：咱人虽小，但也能扎人。莫言领着一帮子人撕了学校的课程表，还在院墙上写了造反的诗：造反造反造他妈的反，毛主席号召我们造反。砸烂砸烂全砸烂，砸烂资产阶级教育路线。莫言杀气腾腾，摆出睥睨天下、唯我独尊的姿态，但是不知道为什么，这“光辉事业”才刚刚进行了一天，第二天战斗队的成员们就全部“叛变”了，纷纷跟老师说是莫言带头造反的，于是，莫言的战斗队就被消灭在萌芽阶段了。

5. 孤独的放牛娃

1966 年夏天，满 11 岁的莫言成为了一名“光荣”的人民公社社员。这个年龄段本是读书的时候，其他同学都上了村里新成立的农业联合中学，可是莫言却无书可读。为什么？因为莫言是富裕中农的后代，“上面有指示，从今以后，‘地富反坏右’的孩子一律不准读书，中农的孩子最多只许读到小学，要不无产阶级的江山就会改变颜色”。于是在“指示”面前，莫言就被剥夺了上学资格。由于莫言年龄太小，做不了重活，公社没法将他算成一个真正的劳动力，只给他一个放牛放羊的工作，每天为他记三个工分。从此，莫言开始了他的劳动生涯，也开始了他人生中最孤独的一段时光。

为了将牛羊放得肥一点，莫言常常要走到离村子很远很远的地方。平安庄那条黄沙大道正好通向村外，每天上午，他牵了牛或羊踏上这大道，开始崭新而又单调的一天。出门时，莫言兜里会装上几块玉米饼或地瓜，这便是他的午餐了。当然，对于十多岁正长身体的孩子来说，这点东西肯定是吃不饱的，不过莫言有自己的解决办法，路上他会自行弄些野菜，这块土地上什么东西能吃什么东西不能吃他非常清楚，在特殊季节，还会有可口的野果子供他享用。至于水，对莫言来说完全不是问题，高密大地最不缺的就是水，什么时候渴了，找个小溪或者小沟甚至是稍微清亮些的泥巴洼就行，捧上一大捧水，一口就喝干，也不用管里面还在活蹦乱跳的蝌蚪。

到了村外，黄沙大道就变成了黑黑的泥巴路，泥巴路连接着广袤黑土地，黑土地上遍布着无数的小池塘和水坑，池塘和水坑间则是一片又一片草甸子，草甸子里有鸟、野兔、老鼠等各种各样的小动物。高密大栏乡地广人稀，交通闭塞，这里远离了村庄，基本上见不到其他人，动物和植物就成了莫言交流的对象。每天，莫言躺在草地上，仰望着蓝天白云，孤独地做着白日梦，有时梦到热气腾腾的馒头，有时梦到香气扑鼻的烧鸡……从莫言后来的回忆中，我们可以充分感受到他当时的孤独。

莫言回忆说："当我成为作家之后，我开始回忆童年时的孤独，就像面对着满桌子美食回忆饥饿一样。我的家乡高密大栏乡是三个县交界的地区，交通闭塞，地广人稀。村子外边是一望无际的洼地，野草繁茂，野花很多，我每天都要到洼地里放牛，因为我很小的时候已经辍学，所以当别人家的孩子在学校里读书时，我就在田野里与牛为伴。我对牛的了解甚至胜过我对人的了解。我知道牛的喜怒哀乐，懂得牛的表情，知道它们心里想什么。在那样一片在一个孩子眼里几乎是无边无际的原野里，只有我和几头牛在一起。牛安详地吃草，根本不理我。我仰面朝天躺在草地上，看着天上的白云缓慢地移动，好像它们是一些懒洋洋的大汉。我想跟白云说话，白云不理我。天上有许多鸟儿，有云雀，有百灵，还有一些我认识它们但叫不出它们的名字。它们叫得实在是太动人了，我经常被鸟儿的叫声感动得热泪盈眶。我想与鸟儿们

交流，但是它们也很忙，它们也不理睬我。我躺在草地上，心中充满了悲伤的感情。在这样的环境里，我首先学会了想入非非。这是一种半梦半醒的状态，许多美妙的念头纷至沓来。我躺在草地上理解了什么叫爱情，也理解什么叫善良。”

莫言当时真的是孤独到一种境界了，他在一个人独处的过程中养成了自言自语的习惯。一次莫言在家对着一棵树自言自语，结果被母亲高淑娟看到了。高淑娟心事重重，对管贻范说：“他爹，咱这孩子是不是有毛病了？”高淑娟之所以这么问，是因为她不是第一次看到莫言自言自语了。

日头快要落山，莫言才能抛开孤独，离开草甸子，将牛们牵回去。农业联合中学的两排瓦房紧靠大街，离莫言家只有50米不到，每次回家，莫言都会经过学校。曾经的同学都在学校里打闹，吵闹声肆无忌惮地传到街上，毫无遮拦地飘进莫言的耳朵里，莫言很受折磨，他也想去和同龄的孩子闹闹，可是现在却必须孤独地牵着牛、背着草筐。莫言偷偷看着曾经的同学们，他感到很自卑，感到比教室中瞎胡闹的同学矮了半截。莫言极其渴望回到学校，但他从来不敢随便把这种渴望流露出来，这种渴望可能会引来父亲的痛骂。姐姐和莫言比较亲近，知道莫言的心思，于是常常安慰莫言：“其实这个农业联合中学上不上都无所谓，老师也不教课，就算教了学生也不会学，就算学了也学不到什么东西。天天在那里打打闹闹，还不如自己自学呢！”

姐姐的话并没有什么作用，莫言一如既往的痛苦，因为给他痛苦的并不是学与不学，而是深深的孤独。放牛娃是生产队里最低级的劳动力，完全不被重视，而由于他名声已经坏了，所以常常受到冷嘲热讽以及毫无根据的怀疑，嘲讽和怀疑带给他的则是更深层次的孤独。

一次，莫言放完牛回家饭已经熟了，他就跑到大队部叫做会计的父亲吃饭。当时，大队部有两个干部正在审问坏分子，莫言出于好奇，就在窗子外面朝里看了一眼，结果这一眼就惹事了。两个干部冲出来将莫言打翻在地，然后拽进屋里吼道：“来，你进来听，你进来听，让你听个够!”两个干部要莫言回答为什么要偷听他们的审问，甚至认为是受了他父亲或是什么人的指使。莫言完全是处于好奇，当然答不上来，他手足无措，白挨一顿教训，最后只能自认倒霉。

又有一次，村里某处失火，莫言发现了大喊大叫，恨不得把村里所有人都叫过来。邻居家的女人听见了就冲出来看热闹，结果看完热闹回家，发现家里丢了一块肉！肉是多珍贵的东西，女人急得要死，最后硬要赖在莫言身上，说是莫言故意大喊大叫引她出去看，然后溜进屋里偷走了肉，在这样的女人面前，莫言百口莫辩。这已经不是第一次被邻居恶意中伤了，曾经邻居一只鸡仔死了，一家人分析原因的时候莫言刚好从屋前路过，然后莫言就被赖上了。莫言越是被人赖，名声就越是不好，名声越是不好，就越是被人赖，这成了一种恶性循环。莫言心理负担很重，后来村里一发生坏事他就紧张想远远躲开，但坏事还是会自动找上他，最终发展到连家里人都总是怀疑他。

公家的牛被人堵住嘴弄死了，姐姐第一件事就是审问莫言，原因就是家里破扫把上缠的几圈铁丝不见了，她认为正是莫言拿去捆了牛嘴巴。最后查出来，其实是村里另外一群孩子想吃牛肉，

把牛给弄死了。莫言的一个远房亲戚更是喜欢赖莫言，她非常讨厌莫言这个“好吃懒做”的家伙，当年莫言还没退学时她就爱跟莫言过不去。她的儿子也就是莫言的堂弟非常淘气，一次爬树玩耍爬到一半摔了下来，把腿给摔坏了。这堂弟怕挨骂，转动脑袋瓜想着解决办法，最后灵机一动，哭天喊地说是哥哥莫言把他从树上拉下来的。她一听就信了，晚上就当着高淑娟的面骂莫言：“你从小就这么坏，什么时候能坏到死啊？”她说话尖酸刻薄，高淑娟争辩不过，最后只好把莫言打了一顿。母亲的打比父亲要轻许多，但莫言却感觉非常痛，特别是心里，以至于多年后都还对这次挨打记忆犹新。莫言母亲疼爱孩子，但是对莫言也很无奈，她在管家地位并不高，根本保护不了莫言。她对莫言说：“你是猫头鹰报喜——坏了名头，所有的坏事都跑不了你，所有的好事都找不到你，好自为之吧。”

6. 吃出来的伤心事

12 岁那年秋天，莫言得到了一个摆脱孤独的机会，那就是去滞洪闸桥梁工地做小工。做小工比放牛辛苦多了，得拿着锤子砸石子或者帮铁匠们拉风箱，但莫言还是非常乐意去做，因为工地上有人交流，不用那么孤单。不过，莫言做了没几天，这摆脱孤独的机会就因为一个萝卜而丢失了。

一个阳光灿烂的中午，大多数做工的人都窝在桥洞里睡起了午觉。睡午觉本是他们的习惯，但这天莫言却怎么也睡不着，因为他饿得厉害，肚子咕咕地叫个不停。工地上除了石头就是钢筋，肯定是没有填肚子的东西的，于是，莫言装作若无其事的样子，慢慢离开了工地，向附近的生产队萝卜地走去。到了萝卜地，莫言已经饿得不行，他一瞄四周，似乎没有人，于是拔出了个红萝卜。莫言在萝卜上抹了两把，泥巴还没掉干净，就迫不及待地啃起来，那滋味，简直美极了！莫言才啃了两口，突然感觉肩膀被人按住，他心中一惊，扔了萝卜就要逃命，不过刚一站起身就被人踹翻在地了。莫言回头一看，只见一个贫农正站在他身后，恶狠狠地瞪着他。莫言自知逃不掉，索性不逃了，就躺在地上，也不说话。那贫农也是个狠角色，上来就是一通暴揍，揍完了不解恨，还要拖着莫言去工地上讨说法，这下莫言急了，死赖在地上就是不去。两人纠缠了一会，那贫农灵机一动，伸手将莫言一双鞋子给拽了下来，送到了工地领导那儿。这一招实在是太狠了，莫言愣在萝卜地边，当时就蒙了，这一双鞋子还是半新的，肯定是不能丢的，怎么办呢？莫言也不知道怎么办，除了急就是后悔不该咬那两口萝卜，整个下午，他脑中都是恍恍惚惚的。挨到天黑，莫言挨不下去了，工地即将收工，再不去要鞋子可能就要不回来了，他只好拖着沉重的步子心事重重地去找工地领导。

工地领导姓张，是个猿猴模样的人，长得又瘦又黑，胡子拉碴。贫农都找上门了，张领导当然不会轻易把鞋子还给莫言，他把工地上的人们集合起来，又挂出一张毛主席像，要莫言当着所有人的面向毛主席请罪。莫言跪在石头上，看着桥洞前黑压压一片人对他指手画脚，当时就吓住了，眼泪哗啦啦地往下淌。太阳正在落山，西方半边天都烧红了，莫言脑中恍惚，只希望这是个梦，可膝盖下的疼痛，耳边的臭骂声却来得那么真实，他再也忍受不了，只希望快点结束这场噩梦。

“毛……毛主席，我偷了一……一个红萝卜……我……我……犯了罪……罪该万死……我……”莫言吓得语无伦次，双手撑在地上，眼泪鼻涕混在一起也不敢去抹。毛主席像就在他面前，他不敢正视毛主席的眼睛，不敢去看张领导，也不敢去看桥洞前的人们。民工们也低下头，不再说话，张领导等了一会，散了工，然后把鞋子丢到莫言面前说：“认识还比较深刻，这次就饶了你吧。”

莫言穿了鞋子，只感觉鞋子沉重无比，怎么也走不动。他忐忑不安，一步一步慢吞吞地往家里走，不知过了多久，总算磨蹭着到了家，家里，父亲已经准备开打了。父子俩非常有默契，莫言二话不说径直走到管贻范面前等着挨打，管贻范也是二话不说撸了袖子就开始了。

这里光用“打”是不够的，应该用“毒打”，毒到什么程度呢？毒到旁边所有人都看不下去！这一场毒打持续了很长时间，最后莫言爷爷实在忍不住，上来给莫言解围：“不就是个破萝卜吗，有什么大不了的，值得你这样打？”

吃了两口红萝卜，挨了顿毒打，做小工的工作也丢了，莫言只能自认倒霉，怪自己太贪吃。莫言也知道做人要有出息，不能见了食物就忘了一切，但是，他这样想，嘴巴却不这样想，瘪瘪的肚子不这样想。莫言说：“母亲常常批评我，说我没有志气。我也曾多次暗下决心，要有志气，但只要一见了食物，就把一切的一切忘得干干净净。没有道德，没有良心，没有廉耻，真是连条狗也不如。偷瓜摸枣是常事，有时被捉住，有时没捉住。被捉住就挨顿揍，没捉住就如同打了一个大胜仗。那些年里，我的嘴巴把我自己搞得人见人厌，连一堆臭狗屎都不如。吃饱了时，我也想痛改前非，但一见到好吃的，立刻便恢复原样。长大后从电视上看到鳄鱼一边吞食一边流泪的可恶样子，马上就联想到自己，我跟鳄鱼差不多，也是一边流泪一边吃。在家里如此，出去也如此。”跪在毛主席像前认错只是莫言众多偷吃出丑事件中的沧海一粟，他因为贪嘴闹的笑话，足以写成一部书了。

一次，社里的粮食保管员举着一块豆饼，让一群孩子学狗叫，说谁学得像就把豆饼给谁。莫言也在这群孩子当中，“汪汪汪”叫得不亦乐乎。最后，粮食保管员说他们都学得像，然后把豆饼丢了出去，一群孩子连忙扑到地上疯抢。不巧的是，这一幕被莫言的父亲和爷爷撞见了，父亲狠狠地教训了莫言，这一次连爷爷也不帮莫言说话了：“嘴巴就是一个过道，无论是山珍海味，还是草根树皮，吃到肚子里都是一样的，何必为了一块豆饼学狗叫呢？人应该有骨气。”莫言也想有骨气，但在食不果腹的年代，一些大人都活得没有自尊，更何况还没长大的莫言呢？

一个夏天，莫言去邻村偷西瓜吃，那西瓜种在玉米地里，一丛丛玉米秆比莫言还高。莫言轻手轻脚摸进地里，自以为万无一失，结果还是被看瓜的人发现了。那看瓜人很年轻，是个愣头青，发现地里有动静不管三七二十一，直接端起自制土炮来了一发。只听震天动地一声巨响，一大片玉米秆就倒在了地上。莫言趴在地上一动不动，他并不是被打到了，而是被吓傻了。莫言吓得屁滚尿流，想跑却挪不动腿，结果被那愣头青给活捉了。愣头青押着莫言到他家去扯皮，一路上莫言两条小腿软绵绵地抖个不停，脑子里一片空白。后来，这事儿成了轰动村里的特大新闻，莫言没少被笑话。还有一次，莫言跑到生产队偷马料吃，结果又被发现了，那个看管员同样是个愣头青，抓住莫言脑袋就往水缸里按，直到莫言双眼翻白离死不远了才放了他。后来莫言又到生产队地里扒刚刚种下的花生种吃，那次倒没有被发现，莫言吃得非常开心，但是开心过后就发现事情不对头了，那花生种子竟然泡过农药！莫言又是拉又是吐，折腾到半死不活，最后还是看了医生才好。

这是几次差点要了小命的偷嘴故事，因为偷嘴挨打挨踢那故事就更多了。他在街上卖熟猪肉的铺上抓过肉，差点被卖肉人一刀砍掉手指。他看见村里干部手里托着一个香瓜就上去抢，结果被干部一脚踹飞，把香瓜砸到头上，弄得一头汁水。莫言不仅在外面偷嘴，在家里也偷。困难时期，六叔给莫言家抱来一袋子棉籽饼，莫言就常常等家里人睡着以后溜下床去摸一块，再藏到被子里“猫”掉。高淑娟曾让莫言给爷爷奶奶送饭菜，每次都要叮嘱莫言“别偷吃”，每次莫言也都答应得好好的，但是送到一半莫言就犹豫了：我肚子还饿着呢，要不要吃一点？犹豫的结果往往都是“要”，他心一横，管他挨骂不挨骂，先弄点吃的再说。于是，莫言送的饭菜总是缺斤少两，母亲没少为他蒙受冤屈。

7. 进入生产队

莫言的小工经历因为贪吃的习性结束了，他又要回到孤独的放牛生活中去。莫言害怕孤独，于是就去找四叔。为什么要找四叔呢？因为四叔是生产队队长！四叔很小的时候就没了父母，由莫言爷爷奶奶养大，他对莫言疼爱有加。莫言找到四叔，苦苦央求，说自己想去跟着大人割麦子，四叔答应了下来。

莫言拖着镰刀开开心心地去割麦子，谁知才割了不到半天，周围人就看不下去了，有的开始埋怨莫言，有的则是赤裸裸地嘲笑他，因为莫言割麦子又慢又烂，麦茬子留得特别长，麦穗落得到处都是，恨不得要几个人在后面帮他捡。生产队里一个会计嘲讽他说："你小子这不是在搞生产，而是在搞破坏。"四叔眼看这样下去不是办法，连忙要莫言别割了。到了下午，莫言只好在田里捡了半天麦穗了事。

这事儿深深打击了莫言，他心里很不是滋味。晚上回到家，莫言就向慈祥的爷爷诉苦，说自己又没干坏事，只是认认真真割个麦子却被人欺辱、嘲笑。爷爷听了心里也不是滋味：我孙子才这么小，麦子割得不好又怎么了，难道你们那些人天生就会割麦子？第二天，老人家不动声色，提着镰刀默默去了生产队田头。田里割麦子的都是些年轻后辈，一看管家管遵义前辈来了，都紧张起来。莫言爷爷管遵义是这里的庄稼老把式，出了名的割麦子能手，方圆几十里都是鼎鼎有名，以前他在自留地里割麦子，好多人都慕名前来参观学习。后来组建了生产队，队里的后生们还专门请过管遵义到田边指导，但管遵义不愿意加入生产队，也不爱搭理他们。

管遵义存心要给莫言挽回颜面，下田就割了起来。一般人割麦子都是先用左手揽住麦脖子，然后右手挥刀割麦子根，割下一墩就用腿夹住以腾出左手去揽下一墩麦子，等夹的麦子够多以后再打个结丢在一旁，一个麦捆子就算完成了。管遵义割麦子完全不一样，左手右手没个先后，旁人看不出到底是先揽的麦子还是先挥的刀，只见麦子一捆捆整整齐齐地往下倒。他根本没有用腿夹麦子和最后打结的动作，几墩麦子同时揽在手里，割的时候麦腰子就已经弄好了，集到够多以后就用镰刀背往下一拢一绾，一个麦捆子又紧巴又漂亮。他从田南头割到北头，一串麦穗也没掉地上，一排麦捆子又整齐又漂亮。管遵义的高超技艺已经使农活变成了一种表演，所有人都围了过来，拍手叫好。他从田里跃起，身上干干净净，一个麦芒子也没粘上。管遵义背着手，大摇大摆地离开了麦田，只留下生产队的后生们呆呆望着他的背影，一脸崇拜。

但那漂亮的麦捆子到底还是爷爷割的，莫言无论如何也做不到，最终还是乖乖去放牛了，这一放就是几年。闲暇时，莫言仍然会看书，但是书太少了，高密大栏乡十几个村子，哪个村子哪户人家有一本什么书，他摸得一清二楚，最后都借来看了。这些书看完以后，莫言就完全无书可读了，任凭他怎么问怎么借也找不到新书，当时的他甚至一度认为天下的书就这么几本。莫言依然想早些融入那些在集体干得热火朝天的劳动者之中，他知道，想要赶走那无边无际、难熬又可怕的孤独就必须成为他们中的一员。生产队每次派民工去外面挖河修水库，莫言都会兴冲冲地跑去报名，想正儿八经地参加劳动，但是一回家，父亲和母亲就会把他的决定给否决掉，这种状况持续了好几年。

几年后，莫言个头长高，力气也有了，虽然还未成年，但可以堂堂正正地跟着大人们一起干活了。莫言活干得并不好，也觉得累，但是他认为能跟其他人在一起，比一个人孤独地放牛放羊好多了。

那时候人们在生产队里干活被称为“大呼隆”，意思就是一天到晚不明不白呼呼隆隆就过去了。为什么呢？因为生产队的人干活都不认真，一般是十几个人至几十个人一起干，大家一到目的地，先要休息一阵，吸袋“地头烟”加加劲儿，之后干一个小时就要歇一袋烟工夫。中午吃了午饭还可以眯上一阵，下午干活仍然可以休息两次。休息的时候，队里的男男女女打打闹闹说说笑笑，干活时依然要东拉西扯，嘴里从来不会停下。太阳将近落山大家就集体归队记工分，又是一阵闹腾，闹腾完了一天也就结束了。

在地头歇息时，年纪大点的就会谈天侃地，古今中外好的坏的都要谈上一谈，有些是真，但更多的是瞎扯，但是大多数时候都能扯得神乎其神，这些东西看似无用，实际上却对莫言后来的写作生涯产生了不小的影响。

第三章
逃　离

1. 遥远大学梦

日子一天天过去，莫言一天天长大。对于劳作、对于生产队、对于平安庄、对于高密，莫言的感情渐渐发生了变化。什么样的变化呢？莫言自己是这样描述的：“当我作为一个地地道道的农民在高密东北贫瘠的土地上辛勤劳作时，我对那块土地充满了仇恨。它耗干了祖先们的血汗，也正在耗干着我的生命。我们面朝黄土背朝天，比牛马付出的还要多，得到的却是衣不蔽体、食不果腹的凄凉生活。夏天我们在酷热中煎熬，冬天我们在寒风中战栗。一切都看厌了，岁月在麻木中流逝着，那些低矮、破旧的草屋，那条干涸的河流，那些木偶般的乡亲，那些凶狠奸诈的村干部，那些愚笨骄横的干部子弟……假如有一天，我能幸运地逃离这块土地，我决不会再回来。”

没错，莫言厌倦了这样的生活，他想要离开这生活了十几年的高密土地，他甚至用到了仇恨、逃离这样的字眼！或许是莫言知道的太多了，他读了太多的书，知道高密大地上的悲哀，知道外面还有更广阔的世界；或许是莫言活得太辛苦了，他打从生下来到现在就没真正吃饱过，想要肚子舒服一下就必须挨骂、挨打、挨批甚至面临生命危险；或许是周围的人心太险恶，他作为一个不懂事的孩子，只不过说了几句真话，就被迫离开学校和同龄人，承受本不该承受的孤单与痛苦；或许，是所有这些综合造成的结果……

我要离开这片土地，我要离开这片土地……莫言每大一天，这样的渴望就多一分，可是，怎样离开呢？

在当时，莫言这样的孩子想要离开高密，离开脸朝黄土背朝天的生活有两条路可以走，第一条路就是上大学。莫言七岁时，大哥管谟贤考入了华东师范大学，从那时起，莫言就有上大学的梦想了。对于乡下的农村家庭，有个孩子上了大学那是非常了不起的事情，格外受人尊敬，当然，也受人嫉妒、憎恨。那时莫言在院子里玩耍，常常听到胡同外面有人议论：“嘿，别看这管家的房子破破烂烂的，里面可是出了个大学生！”也有用心不良的人低声感叹：“这家是富裕中农，竟然出了大学生。”听到人们的议论，莫言对大哥管谟贤崇拜得五体投地，大学梦就开始在心中萌发了。有一年，管谟贤寒假回家探亲，莫言便把他的大学校徽偷偷摘了戴在自己胸前，跑出去炫耀，结果伙伴们看了嗤之以鼻，嘲笑他说：“是你哥上的大学，又不是你，你烧包什么？”莫言被伙伴们贬得面红耳赤，于是暗下决心：等我长大了一定要考上大学。然而，“文化大革命”爆发后，莫言的心凉了，大学都停止招生了，我还怎么进大学？更重要的是，他这个中农的后代连中学都没得上了，那时候莫言的大学梦就这样彻底破灭了。

不过很快，莫言的大学梦又重燃起来，“文化大革命”已经有结束的趋势，大学开始招收工农兵学员。按照当时的政策，农村的小青年们只要有中学的同等学力，然后劳动积极一些，就可以接受村里贫下中农的推荐免试进入大学，当然，前提条件是“不是‘地富反坏右’的后代”。至于家庭背景，莫言家里是富裕中农，算不上“地富反坏右”；至于学历，填表时自己做做手脚就行，也不会有人去查，而且，他看过大哥的全部中学课本，要说文化水平，真不会比村里贫下中农子弟们差，论起语文水平，莫言甚至要高出他们许多；至于劳动积极与否，莫言做劳动虽然不中看，但积极绝对是算得上的；至于村里贫下中农的推荐，没门儿！莫言基本条件符合，但没指望通过这条路上大学，且不说大学生名额还没到村一级就被瓜分光，就算到了他们村，莫言也是没有机会的，村里的贫下中农连中学都不让他上，那就更别说大学了。莫言有一个很不寻常的想法，那就是给教育部写信，他之所以有这种想法是因为一个名叫张铁生的人。

张铁生是辽宁兴城人，比莫言大五岁。1973 年，在辽宁兴城白塔公社枣山大队插队的张铁生被推荐参加大学考试，但在做理化试卷时，他发现自己完全不会。好不容易获得了大学考试机会，却不会做题，张铁生急得冒烟，但是急也没用啊，答案是急不出来的。突然，他灵机一动，将试卷翻过来，在背面给“尊敬的领导”写起了信！张铁生在信中说，当集体利益与个人利益发生冲突时，他不忍心放弃集体生产躲进小屋去复习功课，所以文化成绩才不理想，但自己实际上是非常想上大学的……

最终，张铁生的试卷上只答了三个小题，其余的题均是空白！那一次考试结束后不久，《辽宁日报》便以《一份发人深省的答卷》为题，刊登了张铁生的信，评价说："张铁生似乎交了白卷，然而对整个大学招生的路线问题，却交了一份颇有见解、发人深省的答卷。"之后《人民日报》又转载了张铁生的信，评价说："这封信提出了教育战线上两条路线、两种思想斗争的一个重要问题，确实发人深思。"随后，全国各地报刊纷纷转载，"四人帮"一伙也对张铁生交"白卷"行为赞不绝口，很快，张铁生顺利地被铁岭农学院畜牧兽医系录取。交了白卷还能上大学，张铁生这位"白卷英雄"的事儿很快就流传开了。

此时的莫言想上大学想到发疯，他太渴望逃离这片无声无息消磨着他青春的高密大地了，很快他就决定，效仿张铁生！张铁生在试卷上写信，莫言没有机会，只有直接写信寄给教育部了。莫言弄来纸、笔、信封、邮票，偷偷地、见不得人地给当时的教育部长周荣鑫写了一封信，表达自己想上大学的强烈愿望。

信寄出后莫言心中极其忐忑，他知道张铁生那样的事件可一而不可再，不然大家都去写信去了，但是，他还是止不住地想：万一让我上了大学呢？……周部长一定要看我的信啊，老天保佑，老天保佑！如莫言所愿，周荣鑫部长看了他的信，而且，还给他回了信。

信发出去后不久的一个晚上，莫言做完劳动回来，如往常一样坐到灶前帮母亲烧火做饭，做到一半，管贻范回来了。管贻范的状态和往常不大一样，进门时，他摇摇晃晃，貌似喝醉了酒。莫言注意到父亲手中攥着一封信，顿时紧张起来，他们这样的人家平时不会收到信，这封信肯定跟自己有关。果然，管贻范走到莫言面前，将信递出，问道："你想怎样?"莫言哆嗦着从已经被撕开的牛皮信封里抽出信，借着灶火看了起来。信是用蓝色圆珠笔写的，纸是印有红色抬头的国家教育部公用信笺，信中说："小伙子，你的信我看了，想上大学的愿望是好的，但是目前还是希望你在农村安心劳动，好好表现，等待贫下中农的推荐……"

看完信，莫言心中百味杂陈，又是失望又是激动，但要真说激动又算不上，毕竟这封信没给他的大学梦带来实质性的帮助，要说失望也算不上，因为他抱的希望本就不大。但是，这封信带给莫言的正面情绪还是多一些，毕竟像他这样一个放牛娃能得到国家教育部的回信，已经相当不错了。这天晚上，莫言一直听到父亲和母亲在小声说话，说了足足一整夜。父母的心情很复杂，但是毕竟没有责怪莫言。莫言决定，继续写信。接下来的半年里，莫言写了很多信，给省级、地级、县级甚至公社里的招生领导小组都写了，但是那些小组似乎比教育部还忙，莫言一封回信也没收到。

莫言的动作大了点，村里人便都知道他想上大学了。初中都没进过的放牛娃还想上大学！村民们一聊到这个话题就乐得合不拢嘴，看莫言那眼神就像看神经病一样。有一次，莫言在生产队工作时遇到了贫农代表，那代表就当着生产队众多人的面指着他说："如果你这样的都能上大学，那咱圈里的猪也能上了。"旁人听了，有哈哈大笑的，有默默摇头的。莫言也绝望了，他想，就算圈里的猪上了大学，他也不一定上得了，因为有人打压他，却没人会去打压猪。

2. 半途而废的处女作

有几天晚上，莫言辗转反侧，他觉得自己连猪都比不上。他被清规戒律束缚在高密这块土地上，每日累死累活，修水库、挖运河、耕田、收割……他过着比牛马还辛苦的生活，却连肚子也填不饱。肚子填不饱也就算了，他还不能说出真相，还要和全国人民一起疯狂，强颜欢笑将自己虚构在美妙的幸福生活中。

大把大把的信没有得到回应，莫言渐渐地放弃了用读大学走出高密的想法，他开始尝试第二条路，那就是当兵。当兵时好好表现就能被提干，提干就能去当军官，那生活就美好了，而且在军队中也有可能被推荐上大学。不过，这条路也很难走下去，甚至比上大学的路还难。

从 17 岁时起，莫言就开始报名应征参军，但是从来没有被选上过。莫言长期挨饿，但他的身体其实很棒，完全能够满足要求，但是，他家庭出身不好。莫言家里是富裕中农，理论上也能参军，不过跟其他想参军的贫下中农争名额，他就是没门儿，只要还有贫下中农的后代想参军，莫言这个老中农的儿子就没有机会！

莫言没有办法，只能等，每次都去报名，心想哪次应征的贫下中农少，他兴许就能上。等待的过程中，莫言又开始着手另一个计划——写作！没错，成为作家也是莫言的一条出路，这条路他本不知道，是一个“右派”大学生点拨给他的。

莫言在生产队做事时常常听一个“右派”讲故事，这“右派”

也是他们村里的一个大学生。那人在师范大学读过书，毕业后一直在济南工作，1957年的“反右派运动”中，作为“右派”被打回了高密老家，成了货真价实的农民。这人曾经读的是中文系，梦想是成为作家，于是就常常讲一些作家的事儿，还给莫言灌输“三名三高”：做人就要做名作家、名演员、名教授，拿高稿酬、高工资、高奖金。他跟莫言讲，曾有一个作家写了本书，稿费拿了一万多元。一万多元是什么概念啊？一元钱一只的烧鸡可以买一万只，莫言的村子也就几百人，一人发一只，可以发十几个村，要是全拿来让莫言吃，一天吃一只，20年也吃不完。莫言捂着嘴呵呵直笑，不敢相信。于是，这人又给他讲，说自己在济南认识一个非常腐败的作家，有多腐败呢？一天吃三顿饺子，大白菜加肥肉馅的饺子！一天三顿饺子是什么概念？莫言一年最多只能吃一顿饺子，而且还只能在过年那几天吃到。莫言听得口水直流，忍不住问：“叔儿，我将来要是写出一部书来，是不是也能一天吃三顿饺子？”“嘿嘿，那就要看你小子自己的能耐了！”大学生回答说。

1973年莫言已经满了18岁，他开始作为一个壮劳力进行劳作。这一年，山东胶莱运河进行大改造，全村的劳动力包括社里的干部都到昌邑县挖河，莫言当然也去了。胶莱运河是山东半岛上一条很重要的河流，始建于元朝，当年忽必烈为了从南方调粮食接济北方，动用几十万劳动力耗时五年挖成了这条运河，当地人至今还叫这条河为“运粮河”。这条河是条问题河，常常淤塞或者垮堤，后来慢慢荒废掉了，在明朝清朝都有过断断续续的治理，然而仍然不具有航运价值。到了1973年，革命群众们喊着“与天斗，其乐无穷”的口号又来斗这条河了。附近三个大县几十万农民工集合到一起，大家干劲十足挖泥开河，一心要和天公比比高。莫言实在想不通人们在发什么疯，一个个饿得面黄肌瘦却不去种田而是斗志冲天地挖运河。

运河里人山人海，红旗猎猎，指挥部的高音喇叭一遍遍地播放着红歌《浏阳河》，大家听得心潮澎湃，一锹比一锹有力。莫言有时也会被万人齐挖的气氛感染，兴奋地挖上几锹，但大多数时候，他的日子都是冗长而无趣的。入夜，莫言躺下后，脑中就思绪万千：胶莱运河挖完了兴许还有铁莱河，铁莱河挖完了兴许还有铝莱河，河挖完了还有水库，水库挖完了……莫言实在不想过这样的日子，这日子太难熬了，他不想让青春在高密贫瘠的土地上浪费，他不甘心就这样劳累而又贫穷地过完一生。

这天劳累完回家，莫言感觉脸上都累掉了一层皮，他决心要做出改变了。他找母亲要了五毛钱，跑到供销社买了墨水、笔记本，趴在炕上就写起了小说，小说的名字叫《胶莱河畔》。他挖河时就在构思了，笔一拿到手里，就刷刷刷地写了起来。没过几天，第一章完成了，这一章是《元宵节支部开大会，老地主阴谋断马腿》，根据莫言后来的回忆，主要内容是这样的：元宵节那天早晨，民兵连长赵红卫吃了两个地瓜，喝了两碗红米粥，匆匆忙忙去大队部开会，研究胶莱运河的问题。他站在毛主席像前，默默念叨着：毛主席啊毛主席，您是我们贫下中农心中最红最红的太阳……念完了一想，其实红太阳并不热烈，正午时刻的白太阳那才叫厉害呢。正胡思乱想着，开会的人到了。老支书宣布开会，首先学毛主席语录，然后传达公社革委会关于挖河的决定。妇女队长铁姑娘高红英请战，老支书不答应，高红英就去找公社革委会的马主任。高红英和赵红卫是恋爱对象，两边老人想让他们早点结婚，他们却为了挖胶莱运河决定把婚期推迟三年。这一边把挖河当成使命，一个阴暗的角落里，老地主却在磨刀，想把生产队里那匹枣红马的后腿砍断，破坏挖胶莱运河的计划……

这《胶莱河畔》就是莫言的处女作，他很快就完成了第一章。莫言设想，这个作品完成后如果成功发表，他就极有可能被调到某个写作组去工作，他就不用去脸朝黄土背朝天地干活了，他的人生历程将会发生巨大转折。然而，这一切并没有发生，因为他最终也只完成了第一章。

为什么不继续往下写呢？因为他太累了。挖河的劳动量巨大，相当累人，一天干完，莫言吃了晚饭眼皮就像灌了铅似的往下落，实在睁不开，根本没精力去完成这样一部长篇小说。

3. 棉花厂里出风头

挖运河是冬天水退了才开始的，结果这个冬天还没过完，莫言就不干了。他又跑去找叔叔了，这次找的不是当生产队长的四叔，而是在县城棉花厂工作的五叔。此时的莫言五叔在县棉花厂当会计，混得还不错。莫言已经 18 岁，年龄上满足了在厂里上班的条件，五叔也很想帮侄子一把。

五叔又是找熟人，又是买好烟好酒，帮着莫言上下打点，终于，莫言得到了棉花厂季节工资格。季节工就是按季节在厂里做工的合同工，棉花收购旺季，他们就来厂里做工，棉花加工得差不多了，他们就离厂。季节工不算正式员工，处在整个单位的最底层，待遇自然比正式员工差很多，但这个岗位在当时已经相当难得了，这可是好多在田里忍受日晒雨淋的农民们梦寐以求的美差，可以说厂里的季节工没有哪一个不是靠关系才能进去的。

莫言第一次进棉花厂那就像刘姥姥进大观园，一身紧张，看什么都稀奇。厂里的青年们流行穿黄色军装上衣、蓝色的确良裤子、白底带松紧扣的懒汉鞋，他们留大分头，带白色大口罩，穿尼龙袜子，那真是又时髦又漂亮。他们连身上沾的污染物也比地里的农民高级，那是干净雪白的棉绒，而不是脏兮兮的泥巴。后来莫言也去搞了这么一身装扮，别提多神气了，大冬天的那尼龙袜、懒汉鞋都舍不得脱，即便是满脚冻疮也不愿穿土里土气的棉鞋。

莫言进了厂，负责办手续的老头拿表让他登记。莫言激动不已，挥笔刷刷刷几下就填了一大片，不过等到填文化程度时，他愣住了。小学都没毕业似乎有些丢人，厂里其他年轻人肯定不止小学毕业，莫言想填高中毕业满足一下虚荣心，但没敢写，犹豫了好久，最后勉强写了个初中毕业。初中毕业在当时已经是中规中矩的文化程度，除了五叔厂里没人知道莫言的底细，五叔当然是不会去揭穿他的，所以一段时间里莫言也是过得人模狗样，十分惬意。不过一段时间以后，莫言结识了一个名叫张世家的朋友，这张世家读过高中，巧合的是他高中同学中有和莫言一起读过小学的。一来二去的，张世家就把莫言的底细给摸清了，摸清以后还当众揭穿了他，弄得莫言好长一段时间见了人都抬不起头。不过厂里并没有要求文化程度，莫言除了那颗虚荣心受了点打击，没有受到其他影响。

这所棉花厂规模不小，有五六百名职工，大家都很年轻，基本都和莫言差不多大，莫言很快就认识了一批好朋友。这些年轻人来自全国各地，连青岛的都有，而且他们的身份都不简单，有干部子女，有下乡知青，就连和莫言一样从各村庄调进来的农民工都是有门路有后台的，说不准谁的爹就是哪个村儿的生产队长或者支书。闲暇时，莫言会听城里来的知青们讲城里的生活，什么电影好看，什么菜好吃，直把莫言听得心潮澎湃，眼界大开。

莫言在厂里上班，一天工资高达一元三毛五，莫言交一部分工资给生产队以便记工分，再拿出一部分作为日常开销，一月下来还能剩下20元钱。那个年代20元钱可是一笔巨款，就算是住在城里的家庭一个月的花销也不会超过20元。莫言在厂里有吃有喝有玩还有工分有朋友，开了眼界也赶了时髦，顿时觉得生活大好。他再也不想回农村干活了，可是他毕竟只是季节工，棉花加工淡季还得回去，于是莫言又去找五叔，五叔便又帮他作了安排——不产棉花时，莫言就在厂里做做卫生或者当当保卫。就这样，莫言虽然不是正式员工，却得以在棉花厂长久地留了下来，一干就是好几年。

莫言非常珍惜这份来之不易的工作，他十分努力，比以往任何时候都努力，这是他在逃离高密土地之路上的一大步。一次，厂里进行割草劳动，莫言有充足的务农经验，干活又卖力，他的表现很快就引起了棉花厂党支部书记的注意。劳动结束后厂里开大会，书记专门表扬莫言，说会计老管推荐的侄子真不赖，一个人干的活可以顶人家三个人干的！莫言以往都是挨打受批遭白眼，现在这一受表扬，顿时就觉得找到了自己的人生价值，于是干得更带劲，很快厂里的员工们就都认识了这个好学上进、脑瓜机灵、先做后说的青年民工了。

莫言从这里开始转运了。1973年，毛主席在一次谈话中指出，林彪同国民党一样，都是“尊孔反法”的。毛主席认为法家在历史上是向前进，而儒家是开倒车的。毛泽东把批林和批孔联系起来，目的是为防止所谓“复辟倒退”，防止否定“文化大革命”。1974年，江青一伙反革命集团想诋毁周总理，便接过毛主席的话头，密谋策划，提出开展所谓“批林批孔”运动，结果毛主席同意了！到了1974年下半年，“批林批孔”运动在全国轰轰烈烈地开展起来，活动并不是什么好活动，但是莫言却在活动中大有收获。

棉花厂是公家单位，为了响应号召，也组织职员们进行批判活动。每到周末晚上，全体职工便会集合起来开批判大会，莫言因为工作积极，被选为三个发言人之一。其实莫言也不知道到底怎样批判，怎样发言，但他一点也不怕，发言前准备稿子时，他就找些报纸抄抄改改，然后加上一些“青山遮不住，毕竟东流去”、“沉舟侧畔千帆过，病树前头万木春”之类的诗词句展示自己的文化水平。莫言小学常常读书念作文，现在上台读稿子也是一点不含糊，他一张嘴念起稿子分外流利，再加上时而加入的朗朗上口的诗词，大家听得一愣一愣的，直夸老管的侄儿有才华。莫言不仅会写文章，字也写得好，厂里便尝试着让莫言去弄宣传板报的事，莫言的黑板报弄出来后，引得大家好评连连。那段时期，莫言真是出尽了风头，对当时的他来说，这已经算是人生的一个小巅峰了，党支书常常对他啧啧称赞，五叔也觉得这侄子给他长脸了。

后来厂里办夜校提升职工文化水平，莫言竟然被选为了语文老师！世事就是这么难料，初中大门都没进过的莫言竟然能教书，而且还教得不错。莫言凭着以前的一点基础知识和看书积累以及一点煞有介事的小幽默，得到学员们的一致好评，大家都说他在棉花厂教书是浪费人才，应该去中学任教。

4. 不被祝福的战士

莫言在棉花厂混得如鱼得水，但他心中还是有些挥之不去的忧虑，因为他还不是正式员工。莫言天天想着转正，转正后就能捧上金饭碗吃国家粮，永远不会被下放回乡，退休以后每个月还可以拿三四十元的劳保金。此时的他再也不想回地里干活了，他已经对那种生活产生了极大的恐惧，从头到脚从里到外彻彻底底地抵触着，他完全不敢想回到村里该怎么办才好。莫言晚上一回到村里就会想起郭沫若文中的一句话：在这个污秽的环境里，即便是一把金刚石的宝刀，也要生锈。后来莫言这样描述当时的心情：在棉花厂工作的这段时间，我想离开农村的这种愿望越发强烈，我觉得我一定不能再回到我那个村里去了，不能再跟那帮人混到一起了，那里毫无前途，一回去前途就断送了，我只有想办法离开这个村，才可能有出路。农村和城市的差别太大了，完全是大大地超出了我过去所认识的那种阶级关系。我梦寐以求的就是我能够转正，后来有传言说四届人大一开，厂里马上就要把我们这批人转正，但又有人说不可能。

莫言在棉花厂待了三年还是没有得到转正的机会，不过他也早就料到这种情况了，这种事关系到厂里的发展政策，自然是很难的。莫言依然对参军抱有希望，在厂里工作的这几年，依然年年去应征。莫言在棉花厂里结识两个对他来说很重要的同事，一个是他所在的人民公社武装部部长的儿子，另一个则是武装部副部长的侄子。莫言平时就很注意和他俩搞好关系，他觉得这两人可以在他参军时助他一臂之力。

1976年，莫言已经21岁了，他非常着急，要是这一年还不能入伍就再也没有机会了，因为过了这年他就超龄了，不过恰恰是这一年，他的机会来了。这年征兵时节，全县又开始花大力气去斗天了，没错，又是挖胶莱运河！莫言的村子全村出动，全跑去昌邑县挖河，民兵连长、村支书、大队长都离开村子住到两百多里远的工地去了，而这些人，正是往年阻挠莫言参军的主要力量。

为了不影响水利工程进度，上级发文要求工地设体检点，参与工程的应征者就地参加体检，在外做临时工的青年劳力则就近选择人民公社驻地体检。莫言瞅着空子去公社驻地参加了体检，又接连给公社武装部部长、副部长写了几封信让那两个同事带去。那位表扬过莫言的棉花厂党支部书记知道莫言想参军，也开始帮助莫言，因为他非常看好这个踏实能干又有才华的小伙子。这位党支部书记和武装部部长是老朋友，于是就跑去帮莫言美言了几句，说这小伙子在厂里非常出色，到了部队绝对还有更大的出息。支部书记的几句话不知要顶莫言多少封信，入伍的事很快就办妥当了。

当时莫言还不知道自己参军成功，依然日日忧虑，直到有一天在路上碰到一个知道内情的人。这人是个转业军人，在棉花厂做过临时工，和莫言关系不错，因为这次他帮公社做了征兵工作，所以多少了解一些内部情况。他把莫言拉到一边，悄悄说道：“你这次有希望了，名单基本已经定好。不过你先藏在心里，可别往外说！”一听这话，莫言愣了好久，几乎不敢相信自己的耳朵。

山重水复疑无路，柳暗花明又一村。莫言一时百感交集，长期以来的委屈、担忧和现在的兴奋、激动以及对未来的期盼、迷茫在他脑子里呼呼乱转，他只想找个没有人的地方痛痛快快地哭一场。

接下来的日子，莫言如释重负，心情大好。春节后的一天，莫言在棉花厂做工，突然听见厂门外有人大声叫：“莫言，莫言，出来！”莫言匆匆走出去，只见他们村里的民兵排长正坐在自行车上，一脸黑线地瞪着他。莫言问什么事儿，民兵排长将手中一个花纸壳狠狠地甩了过来，然后一句话也没说，扭头就走了。莫言捡起纸壳一看，原来是一份入伍通知书，通知书上赫然印着他的名字。这民兵排长为什么生气呢？很简单，莫言这次入伍竟然没有经过他，因为他被调去挖胶莱运河了。这排长十分生气，只觉得被莫言趁着全村出去劳动时钻了空子，要是有他在，怎么可能让这个中农后代入伍呢？不过生气也没有办法，莫言入伍是由公社武装部直接定的，他这个民兵排长没有办法阻止。当天晚上村里开大会宣读入伍青年名单，贫下中农们均是破口大骂，我们贫下中农的孩子都还没入伍，这老中农的孩子却入了，凭什么？某些“积极群众”还声称要写信到部队对莫言进行控告。

这样一来，莫言又担忧起来，万一又有人从中作梗顶替了他的名额怎么办，那可就功亏一篑了！夜长梦多，莫言只盼着马上开拔，离开这充满了勾心斗角的鬼村子。

天将降大任于斯人也，必先苦其心志，劳其筋骨，饿其体肤……对于莫言，三年困难时期时体肤也饿了，退学做工时筋骨也劳了，独自放牛遭白眼时心志也苦了，是该担当大任的时候了，老天应该不会再跟他开玩笑了。

果然，莫言顺利等到了进部队的日子，县里来了运兵车，他终于可以离开这个充满噩梦的家乡了。这天，亲戚们都来到莫言家祝贺送行，莫言母亲做了丰盛的饭菜款待他们，莫言一一道谢，又听从父亲的建议去跟 80 岁的爷爷告别，爷爷激动地说："谟业啊，这俗话说好人不当兵，好铁不打钉，但是现在时代不同了，兵是共产党领导的。你出去了要好好干，好歹要干出点名堂。"莫言含着泪狠狠点头。

村里有人入伍是件大喜事，以往有人入伍村里都会敲锣打鼓献上大红花，搞得热热闹闹的，但这天莫言离开，村子里一片寂静，没有锣，没有鼓，没有红花，没有鞭炮……不过莫言不伤心，他早就知道，除了家人没有其他人会祝福他，因为他是富裕中农的后代！莫言的家庭从此变成了军属家庭，成分虽然还是富裕中农，但社会地位却提高了一大截，这是村里的贫下中农们无法忍受的。

5. 逃离噩梦之地

这一次县里有 1800 名新兵入伍，出发前他们要在县城集合，集体洗澡然后换军装。莫言和其他几百名新兵一起被拉到了一个橡胶厂，这个橡胶厂有个澡堂，正常情况下是给橡胶厂工人们洗澡的。澡堂浴池实际上就是在地上挖一个大坑，坑周围抹了水泥。

浴池四面生上了火炉，池里倒上了几十桶热水，要开洗了！莫言抱着新军装呆呆地看着浴池，觉得有些难以下脚。澡堂的墙上、地上，浴池的边上全都黏了一层黑黑的脏东西，应该是橡胶工人们身上刮下来的，整个澡堂缭绕着一股比农村厕所还难闻的臭味。以往莫言洗澡都是在河里，河里又宽敞，水也清亮，还是活水，澡堂这种阵仗还真没见过，只觉得这澡还不如不洗，越洗越脏。有些新兵和莫言想法一样，捂着鼻子就往澡堂外面跑，说不洗了直接换衣服。带队的武装干部一看就怒了，大喊道："你们现在是兵，军令如山倒，让你们洗你们就得洗，就是个粪坑也得洗，不然就是违抗军令！"新兵们一听愣住了，还能怎样，只能洗了。大家手忙脚乱地脱了旧衣服，一个新兵大喊一声"阿基米德定律"跃进了浴池，莫言也皱着眉头跳了进去，一时间几百人像下饺子一样往水里蹦，水一下就溢了出来。莫言在水里做做样子搅了两搅，刚把身体打湿就爬起来。几百人在水里过了一下，浴池的水就少了三分之二，一些动作慢的人在后面愣着，身体还没沾湿就把军装给换了。

换完军装，莫言坐上了运兵卡车，这一天是 1976 年 2 月 16 日，莫言永远记得。卡车发动的那一刹那，他激动不已，渴望了这么多年，终于可以如愿以偿，离开这该死的村子、该死的土地、该死的村干部……后来的回忆中，莫言这样写道："当时我曾幻想，假如有一天，我能幸运地逃离这块土地，我决不会再回来。所以，当我爬上 1976 年 2 月 16 日装新兵的卡车时，当那些与我同车的小伙子流着眼泪与送行者告别时，我连头也没回。我感到我如一只飞出了牢笼的鸟，我觉得那儿已经没有任何值得我留恋的东西了。我希望汽车开得越快、开得越远越好，最好能开到天涯海角。”

莫言希望逃得远远的，越远越好，所以当运兵卡车停下来时，莫言有些失望，因为车子开了才不到三个小时，他们所到的地方离高密才三百里。领队说这里就是目的地，莫言顿时觉得很不舒服，他感觉故乡的阴影依然像个牢笼笼罩在他身上，为什么不跑到新疆去，为什么不跑到西藏去，为什么不跑到内蒙古去？

失望归失望，不过总体来说莫言心情还是挺好的，他有一点解脱的感觉，因为现在至少已经真正离开高密大栏乡了。这个地方叫做黄县，处在胶东半岛北端。下午，运来的新兵们都安顿下来，莫言跟着队伍进了一所大院，院子里有一方高大的影壁，刻着“紫气东来”四个大字。他和另外十个新兵在影壁前点名，分到一个班，然后便跟着班长进了一栋雕梁画栋的大房子，卸下了背包。

莫言的军人生涯就这样开始了，出门在外，全靠自己，四叔、五叔、六叔、爷爷……再也照应不了他了，他暗暗告诫自己，一定要努力，不然几年后退伍了，还要回到高密大栏乡去。

莫言的目标是在退伍前争取到入党提干的机会，绝对不能被复员，回到那片让他绝望的高密土地。怎样努力呢？莫言早已有了计划。等待入伍的那几天，莫言专门问了村里的复员兵怎样在部队争取提干，那复员兵说：“到了部队，第一件事就是给新兵连首长写一份决心书。如果你写得好，新兵训练结束后，就有可能让你去当文书或是给首长当警卫员，而这两个职务是天生的干部苗子。”这复员兵很热情，还给莫言讲了很多在部队做事的技巧，比如如何博得首长好感，如何在食堂抢到热汤面等。

写东西是莫言除了吃以外最擅长的，所以安顿下来的第二天，莫言就开始写决心书了。怎么写呢，莫言想到了当时闹得风风火火的“反击右倾翻案风”，于是他就开门见山地写要在党支部和毛主席的领导下坚决反击右倾翻案风。莫言写得头头是道、义正词严，但实际上什么是“右倾翻案风”，他也搞不清楚，反正就是把平常听到的看到的关于政治的扯上一扯，扯圆了就行了，后面再加上一些什么“一定要争取进步”、“绝对不会落后”之类大而化之的话。莫言把决心书交给了班长，请求班长帮他转交连长。班长是个老兵，接过莫言的决心书一脸狐疑：“你小子家里有人当过兵吧?”莫言摇头说没有，班长指着他嘿嘿直笑，不相信莫言的脑袋会这么灵光。

6. 一屁股差点毁了演讲

复员兵的建议还真帮了莫言大忙，莫言的决心书果然起了大作用，上级马上就注意到他这个追求进步的小伙子。

新兵入营，部队里要举行欢迎大会迎接新战友，需要一个新兵作为代表讲话。因为那封决心书，带兵的干部就知道莫言能写东西，于是就安排他写稿子，并代表新兵讲话。这可是个极其光荣的任务，当天莫言兴奋得一宿没睡，躺在床上就开始想怎么写稿子了。

莫言绞尽脑汁弄出了一篇完美的演讲稿，弄完还不放心，又拿去指导员那儿要人家帮忙修改。改完以后莫言就开始背，背得滚瓜烂熟，以防上台那天紧张念磕巴了。莫言作准备时其他兵们都是眼红得不行，想不出这新兵蛋子有什么特别的，凭什么让他做代表。莫言自个儿一边准备一边偷着乐，嘿嘿，幸亏我有先见之明请教了村里的老兵，这下可以给上级留个好印象了。

欢迎大会在莫言的无限期待中到来了，这天团部的所有新兵老兵唱着嘹亮军歌齐聚礼堂，舞台红色的幕布、明亮的灯光让莫言的心扑扑直跳。这还是他第一次进入这样的豪华礼堂，看到前排位置上精神抖擞的军官，莫言充满了希望，心里直叹“当兵就是爽”。

大幕拉开，一名老军官上台宣读开幕词。莫言又开始紧张起来，等几个干部们讲完话就轮到他上台了，他无心去关注其他的事，憋着劲拼命背起演讲稿，他要好好表现，他要让领导们惊讶，他要一鸣惊人！

老军官讲完开幕词后念：“有请曹副团长讲话。”曹副团长上了台，霸气地坐上台上的椅子，读起了稿子，莫言惊奇地发现曹副团长的稿子写得跟他差不多。曹副团长讲完是指导员讲话，指导员温文尔雅地坐下，继续读稿子。指导员读完下台，老军官念：“下面有请新兵代表讲话！”

莫言心中一惊，在热烈的掌声中走上了台。莫言哪里见过这种大场面，一时间只觉得口干舌燥，头晕心跳，几乎要昏死过去，他抖着手拿出演讲稿，竟不知如何开口。莫言紧张急了，完全不敢去看台下那几千双眼睛，他慌了一阵，瞄上了副团长和指导员坐过的椅子。这把椅子是很高级的钢架折叠椅，椅子面上覆着红色人造革，比他家里的破木椅子先进多了。莫言颤抖着摸到椅子旁，一屁股坐了上去，身体总算放松了一点。莫言开始低头念稿子，只觉得发出的声音都不像自己的。这是莫言生平第一次在大会上读稿子，他喉头发硬，声音颤抖，嘴唇不听使唤。硬着头皮念了一段以后，嗓子总算松弛了，他开始找到感觉，越念越舒服，越念越流利，他听到自己的声音像春雷一样在礼堂里滚动。终于，稿子念完了，他竟有些意犹未尽，觉得还不够过瘾，要是稿子再长一些就好了。

莫言从这把光荣的椅子上站起身来，立正，给几千新兵老兵行礼，然后转身，面向坐在一起的首长们行礼。行完礼后再次转身，找到台阶，迈着大步向自己的座位走去。莫言的自我感觉不错，特别是后半段，念得相当流利，而且感情充沛。光荣啊，前途啊，莫言已经开始憧憬未来了，要是他当上军官，就能穿四个兜的军装，戴上海牌手表，呵，上海牌手表就是好，全钢防震，还有 19 个钻。

莫言心里偷着乐地回到了座位上，谁知还没坐稳，旁边的班长就狠狠地踩了他一脚。莫言望向班长，只见他黑着脸压低声音，面色不善地说道："你这个混蛋，彻底完了！"莫言心头一惊，什么叫"彻底完了"，什么地方出错了？可班长就说了这么一句就不再言语，莫言看他一脸正经没有一点开玩笑的意思，脑子顿时就蒙了，完了完了，我什么地方掉了链子自己还不知道。

各人讲话完毕后是文艺演出，团文艺宣传队的女兵们年轻漂亮，比村子里土里土气的姑娘们精神多了，她们热情洋溢地跳着舞，莫言却完全没心思去看。其他新兵们兴奋得要命，鼓掌恨不得要把巴掌拍断，莫言却愣愣地摊在座位上，只觉得天要塌下来了。

终于，大会结束了，莫言拖着沉重的脚步回到宿舍，拉着班长就问了起来：“班长班长，怎么回事儿，我到底哪儿错了？”

“混蛋，还好意思问？台上那凳子你也配坐？”班长恶狠狠地骂道，“那凳子是给首长准备的，你一个新兵蛋子，不站着讲话，想干吗呢，犯上作乱啊？太不像话了，你已经稀稀了，等着哪天回家种地瓜吧！”

“稀稀了”是当时连里的流行语，意思就是“玩完了”。听了班长的话，莫言脑子里嗡嗡直响，乱成一片，“回家种地瓜”，太可怕了，莫言拉着班长连声问道：“有什么办法补救，一定要救救我，一定要……”莫言只差跪下来求了。班长摇摇头：“印象太坏了，我看是没什么戏了。”

班长话一出口，莫言的眼泪就哗啦啦下来了。他这富裕中农的儿子，历经千辛万苦才当上兵，并想好好干入党提干，给家里以及所有帮助他的人争口气，谁知这一屁股就把大好前途给坐“稀稀了”。这天夜里，莫言又是一宿未眠，连自杀的心都有了。

第二天，莫言拿出了纸笔又开始写东西，写东西是他最擅长的。他要写一份检讨，一份极其沉痛的检讨，检讨自己不懂规矩的严重错误。莫言把检讨交给了班长，还专门买了包好烟递上去，让他帮忙交给连里的首长。班长也不去接烟，只是望着莫言说：“行，死马当成活马医，我帮你递上去。”

过了一段时间，莫言没接到上级的任何消息，这件事儿似乎就这么没了下文。或许这事儿根本就没班长说的那么严重，首长们根本没跟我这个新兵蛋子一般见识，莫言这样想着，心渐渐平静下来，直到一个月后……

7. 摔进另一个大坑

这天，上级下来命令，莫言和其他三个新兵被分到一个叫龙口的地方工作，那里是总参谋部的一个保密单位。总参谋部？保密单位？莫言一听，觉得还不错，但是等他一到那个地方，心就凉了半截。这单位就是一个大院子，营房是三排低矮的破房子，西边紧靠营房的是牛棚猪圈，另一边则是个露天厕所。单位操场极小，只有半副篮球架，上面还拉了绳子挂着军队家属晾的尿布。这里条件太差了，莫言感觉还不如他们村儿，他非常失落，也没有心思去想到底这事儿和他坐错凳子有没有关系。就算有关系又能怎样呢？这是上级的安排，他没有反抗的权利。

这个单位人不多，真正的战士没多少，基本上都是技术干部，莫言过来是做后勤战士的。后勤战士只需要八个，两个做饭，六个站岗。莫言当然想要选择做饭，他从小就饿怕了，如果能当上管饭的战士，那偶尔还能偷偷嘴，多惬意！但是，莫言没能如愿，因为他犯了大忌。他来单位的第一顿就吃了18个白馒头，吃到自己都不好意思了，最后假装嘴巴不动，喉咙还在咕咕地往里咽。那个时代的人受饿的多，像莫言这样能吃的大家也不是第一次见了，于是就有人跑去跟领导报告："完了完了，又调来一个'大肚肠子'，一顿啃18个馒头，咱这点粮食可不够那小子吃啊！"领导得知莫言是"大肚肠子"，自然不敢安排他做饭了，于是莫言就成了站岗的兵。

莫言这岗一站就是几个月，说是总参谋部的保密单位，但他保来保去也不知道到底是要保卫什么机密，每天就听到几个技术干部在房子里打电报打得啪啪响。除了站岗，莫言的日常生活就是干活了，单位营房前有几十亩地，没轮到他站岗的时候，他就得下地，挑水、锄草、栽白菜、割麦子……什么事儿都得干，比当初在家乡还干得多。

起初莫言还想，反正现在是如愿当了兵了，先这样吧，说不准干着干着就干出一条出路了。但是时间一长，他就有点忍受不了了，现实情况跟他当初的设想差别太大了，他是个兵，可是却摸不到机枪大炮，看不到红旗飘飘，也不用参加什么训练，一切都跟参军前一模一样，就是永不停歇地干农活，唯一不同的是以前是以农民的身份干活，现在是以士兵的身份干活。莫言去问单位的老兵在这单位干活有没有前途，老兵告诉他说："这单位的直属上级部门在北京，离这里十万八千里，根本管不到这里，还是委托黄县团部代管的。黄县团部也只是名义上管管，在这又小又破的单位想入党提干那就是天方夜谭，能做到个警卫班长就不错了，想穿四个兜的军装，那还是去梦里穿吧。"

莫言听了只觉得前途渺茫，不知如何是好。这里地处渤海海边，夜风真能把人吹死，莫言常常轮到深夜两点站岗，套上两件棉大衣腿还是被冻得发麻。岗亭是木头做的，豌豆大的石子被狂风卷起来打得亭子啪啪作响，似乎随时可能被卷到天上。莫言吹了几个月的夜风，满腔热血都被吹凉了，提干的希望也被吹走了。该怎么办，难道就等着退伍，然后回到那贫瘠的可恨的土地，继续漫无目的地脸朝黄土背朝天？生活单调，内心苦闷，精神空虚，莫言讨厌这样的生活，莫言好恨！

不光莫言恨，调来的新兵都很恨，于是，某个夜晚，这拨儿不甘平凡的士兵们就聚到一起，开始商讨怎么打破这种生活。那时候，济南军区有个风云人物，那人本是个排长，在邓小平刚刚出来工作时，他就给中央军委写信，反映问题。后来全国开展整风运动时，那人就因为当初写的信被评为优秀战士，一下提拔到了济南军区副政委的位子。莫言他们就想，别人写信能够写翻身，咱也写两封试试啊！就这样，一伙子人就让最会写字的莫言执笔，联名给上级领导写信，说这单位军容不整、风气不正，他们看不到前途。他们还给领导提出要求，说要么派人下来调查，要么就把他们调到别处去。

联名信起了作用，不久以后，上级还真派来了调查组。调查组的领导们确实不错，一来就认认真真地对单位搞起了调查研究，两天一大会半天一小会。由于莫言是举报信的执笔人，也在信上签了名，所以这些大大小小的调查会议他都参与了，没过几天，莫言和领导们混熟了，更关键的是，领导们对莫言的评价是“字写得漂亮，文笔不错，有文化”。

一段时间后，调查结果出来了——这单位确实存在大问题。领导们经过商议，调走了这单位两个主要负责人，然后从他们自己的单位调来一位江干事做代理教员。江干事是个干事认真的人，他调来以后在这里足足干了一年，直到把这单位整顿好了才回去。这一年中，莫言跟江干事接触较多，两人关系不错，江干事非常欣赏莫言，莫言也很钦佩江干事。江干事离开以后，莫言依然与其保持着联系，他希望这位江干事能帮助他离开这个没有前途的单位。

江干事是莫言生命中的贵人，他把莫言的拜托当成个事，始终帮他留意各种机会。

8. 机缘巧合成教员

1978年春天，江干事联系到莫言，说解放军郑州工程技术学院电子计算机系招生，他可以帮莫言弄到一个考试名额。莫言一听，兴奋得不得了，从小就有个大学梦，现在圆梦的机会终于来了！

本来莫言是没资格参考的，因为他什么文凭都没有，除非小学五年级也发文凭！不过，那时候对文凭发放以及审查都不严，自己随便填个啥也没多少人管，再加上有江干事帮忙，于是莫言毫不犹豫地抓住了这个机会。招生考试设在夏天，也就是说莫言还有将近半年的备考时间。说干就干，莫言马上给家里写了信，让爸妈把大哥管谟贤从小学到高中的课本全部寄了过来。对于莫言来说，语文和政治是没有问题的，他用脚估计都能写出文章来，可是那数理化就难了。难也得上，这是非常难得的改变命运的机会，莫言拿起课本就学了起来。每天站岗完毕，莫言就跑到单位一个堆满劳动工具的仓库里没日没夜地自学。他最先补的是数学，他们单位有一个无线电技师，精通数学，莫言一旦有搞不懂的问题就向他请教，恶补了几个月，总算是把高中数学学完了。

接下来是物理，物理对莫言来说完全是一片空白，他在仓库的墙壁和地面上画满了物理公式，每天一进来就背。离单位不远有一所中学，莫言偶尔会跑去向老师们请教。这样过了几个月，物理也勉强学得差不多了。不过此时，半年时间已经临近，而他的化学课程才刚刚开始！

莫言绝望了，这种情况可怎么考试，难道化学交白卷？考试一天天临近，莫言已经焦急得学不进去了，就在他的焦急情绪达到顶峰的时候，江干事告诉了他另一个消息——情况有变，郑州工程技术学院招生计划已改，名额没了，你不用复习了。

接到这个消息，莫言半是遗憾半是解脱。名额没了，就代表他的大学梦再一次破灭，不过就算还有名额，他也不一定考得上，到时候兴许只能给江干事丢脸……可是……万一上了呢？“文化大革命”十年动荡，其他同龄人也不见得有多高的水平，大学梦终究是自己的梦，就这么结束还真有些不甘心，难道这半年的努力就这么白费了吗？

塞翁失马，焉知非福？莫言这段时间的学习并不是毫无用处，就在他为丢失考试机会而纠结的时候，另一个机会又到来了。

自从江干事对莫言单位进行整顿以后，上级明显对这里重视了，这年夏天，单位接到消息，说他们的直属上级单位的王政委要来视察工作。单位为了迎接王政委的到来，准备随大流办一办业余学校，提升战士们的文化水平。办学校得要老师，选谁呢？莫言！莫言前几个月风风火火地准备高考，大家都觉得他是高中毕业生，而且莫言字写得好、文章写得好大家是有目共睹的，没有人不相信他是真正的文化人。莫言也不推辞，把教语文和教数学的工作揽到了自己身上，还顺便包了营房的宣传板报工作。就这样，没上过初中的他又一次当上了老师。

对于语文，莫言是很有自信的，而对于数学，他是很大胆的，虽然才自学了几个月，但他就是敢上台讲。当然，光大胆肯定不够，还得继续努力，每次上数学课前，莫言都会进行长时间的备课，确保课上不会掉链子，他知道有一部分听课的人是真正的高中毕业生。

秋天，王政委下来视察了，听说单位一个姓管的教员很优秀，于是就点名要听他的课。教导员马上把消息告诉了莫言："王政委点名要听你讲课，你好好准备，千万别掉链子。"莫言当然不敢在政委面前掉链子，这天晚上，他又熬了个夜，第二天要讲三角函数，他精心准备了几道三角函数例题，反复琢磨，确保万无一失了才上床睡觉。

第二天，王政委带着几名干事坐到了莫言的课堂，这几位都是上过大学的主儿，莫言难免有些紧张，但是他的准备实在太充分了，也不用做太多思考，几句背得滚瓜烂熟的漂亮开场白就自动从嘴里飚了出来。开场白背完，他就开始聚精会神地讲起三角函数例题来，听课的学生们水平也就那样，自然提不出什么刁钻的问题，这堂课就这么顺顺当当地上完了，上过大学的王政委和几位陪同干事也没听出什么纰漏，只觉得台上这位教员很有自信，讲得头头是道，非常不错。

听完课后，王政委和莫言握了手，把莫言称赞了一番，又道："小管教员，哪个大学毕业的啊？"

"报告政委，我是农村兵，没有上过大学。"莫言不好意思地答道。

啥，没上过大学也能讲得这么好，我都没这么会讲！王政委暗暗心惊，把这个名叫管谟业的教员小伙记在了心里。过了两天，部队调来一辆大卡车，要带王政委去龙口海边赏海景，单位的一众干部纷纷披了大衣爬进车厢，王政委则和一个陪同干事坐进了驾驶室。那解放卡车双排座，王政委、陪同干事和驾驶员都上车以后，驾驶室还有一个空位，王政委就冲外面喊道：“小管，这儿还有个座位呢，你上来！”

莫言正在车下挥手相送，一听王政委叫自己进驾驶室那是又惊又喜，喜的是王政委把他当成人物了，惊的是自家单位主任、教导员都还站在露天车厢里受冻，自己一小教员却坐进驾驶室恐怕不好。莫言这儿心里还打着鼓，王政委已经急了：“小管你快点，车要开了。”莫言受宠若惊，连忙钻进了暖烘烘的驾驶室，心里美滋滋的。

似乎是上天眷顾，莫言在王政委面前露脸的机会接二连三地出现了。视察工作结束的前几天，正赶上单位收割麦子，王政委就想顺便看看战士们的劳动情况。莫言在村里割过几年麦子，技术虽然比不上他爷爷那样的老把式，但是比那些城市兵不知强了多少倍。这一天，莫言带着一帮子战士割起了麦子，王政委在田边看着。莫言觉得这是个露脸的好机会，于是就故意让其他 12 个战士从田东头往西头割，自己独自一人从西头往东头割。这场莫言的个人秀一结束，王政委就给看呆了，莫言一个人割的竟然跟另外 12 个战士割的一样多。

莫言秀玩以后不动声色，王政委却已经开始盘算了：这小管真是能文能武啊，文章写得好，课上得好，搞起劳动来更是一个顶十个，这样优秀的同志得往上提一提！

9. 笔杆子挑起来的干部

1979 年 7 月，莫言已经满了 24 岁。24 岁不小了，他跑回老家结了个婚，爱人名叫杜勤兰，是他在棉花厂工作时认识的。婚后还不到一个星期，莫言就接到电报，要他别回原单位，直接去保定训练大队报到。莫言知道这是好事儿，当下也顾不得老婆了，匆匆去了保定。

进入保定训练大队后，莫言成为了一名教官，按说教官这事儿应该是干部来做的，但莫言却还是个普通战士，莫言暗下决心，这次一定要更努力，一定要提干。莫言 1976 年入伍，到 1979 年已经是第三年了，第三年是战士的一个大坎，如果不能提干，那后面的结果就是退伍复员回农村干活，如果能提干，那就可以继续留在部队工作。

莫言实在不想回到那片令他绝望的高密农村土地，于是就发了狠，逼着自己出成绩。莫言训练的是高中毕业的新兵，他一发狠，把好多新兵都给训练哭了。1979 年底，莫言的入伍已满三年，成了真正的老兵。然而，他辛苦了这大半年，接到的却不是提干的消息，而是一个完全相反的、足以让他崩溃的消息：总政治部下发文件了，以后部队不再从战士里面直接提干，必须经过院校或者训练大队的培训才行，而且，超过 24 周岁的人不能提干。

莫言崩溃了，他在 5 月就满了 24 岁，总政治部的文件直接把他给卡死了！怎么办，等着退伍回乡吗？莫言再一次掉进了寒冷的冰窖中，迷惘、苦闷、无助……

就在莫言最绝望的时候，江干事又跑来跟他支招了：“小管啊，我倒有个办法可以让你在部队再多待几年，就看你愿不愿意干了。现在部队新兵多，咱政治工程学院的政治教员不够用，如果你能讲政治……”

“讲！怎么能不讲？只要能留在部队，化学我都能讲。”莫言将江干事提供的活儿接了，立即疯狂地准备起来，大学学生可不像高中学生好糊弄，政治课不外乎讲哲学、政治经济学、科学社会主义，讲去讲来还是马克思，莫言总结出这一点后，找来《辩证唯物主义和历史唯物主义》等一些书籍开始学习，后来觉得麻烦，干脆就死记硬背。他小时候为了尽快还书，练就了超强的记忆力，现在背起书来倒也轻松。每次上课前，莫言就把要紧的东西先准备好，然后记下来，到了课堂上就开始滔滔不绝地背诵，连教材都不需要带了。

学员们被这位姓管的教官震住了，这教官学识渊博，学贯中西，讲课都不看教材的，实在是厉害！

就这样，莫言做起了政治课教官，在训练大队里留下了，这一留又是三年。到了 1981 年，莫言服役前后已达六年，工资涨到了每月 26 元，26 元是什么概念？当时一般的士兵每个月只能拿六元钱，他虽然不是干部，工资却是普通士兵的四倍还多，已经顶得上干部了。

莫言身在部队，工资也拿得高，一颗心却仍然悬着，因为他终究不是干部，没进正式编制，这意味着，他总有一天要回家乡劳作。

莫言不想过这样的日子，他又拿起了笔，开始写东西，只有写出点名堂来，他的命运才可以改变。那时候，士兵如果能在省级报刊上发表文章，就可以记三等功，如果能在《解放军报》、《解放军文艺》上发表文章，那就更发达了。莫言决定背水一战，不写，就得死！

莫言像发了疯一样，除了备课就是写作，他最先完成的一部小说叫做《妈妈的故事》，讲的是一个地主的女儿因为爱上八路军武工队长离家出走，后来带着队伍回来打死了当汉奸的爹，但她自己也因为地主家庭背景在“文革”中被斗死了。作品完成后，他投给了《解放军文艺》，结果很快就被退了回来。紧接着，他写了部话剧，讲的是主人公与“四人帮”斗争的故事，完成以后又投给了《解放军文艺》，结果又被退了回来。但是这次退回的稿子中还附有一封编辑认认真真写的退稿信，大意是这作品不错，但是他们的版面有限，建议莫言投给出版社或者剧院。莫言有些纳闷，怎么还有“版面有限”这一说？他把信拿给部队指导员看，指导员说：“你小子真能耐呀，搞得《解放军文艺》都不敢发！”

自此以后，莫言就不想往大报大刊里投了，他开始选择一些地、市级的刊物投稿。他一篇一篇地磨，一篇一篇地投，很快就折腾出了《闹戏班》、《灾难的余波》、《老憨的心事》等许多部小说，但是无论他怎么写怎么投，稿子均是一去就如石沉大海杳无音讯，弄得他都要气馁了。

1981年春天，莫言往保定市《莲池》编辑部投了份稿子，投完没过几天，他收到了一封信，而这封信竟然不是退稿信，信是编辑部一位名叫毛兆晁的老编辑寄来的，要莫言到编辑部谈一谈。有戏！莫言拿着那封沉甸甸的信，又想哭又想笑，激动之情难以言表。他向部队请了假，坐上长途汽车奔向保定，颠簸了三个半小时，终于到达了《莲池》编辑部。

莫言紧张急了，他从17岁开始就有了写作梦，编辑部这种地方对他来说实在是太神圣了。莫言一进门就转着圈子给所有人敬礼，敬完了才拿出信，说明来意。一个中年编辑看了信说道："老毛家太远了，你等等吧！"莫言在无比的忐忑中等待着，过了一会，编辑部走进一位50多岁的人，他穿着沾满油污的中山装，身上泛着浓浓的烟味，走路哈着腰，非常显老。那个接待莫言的中年编辑指着莫言叫道："老毛，你的作者！"

啥，这就是毛老编辑？莫言大吃一惊，连忙站起身来和毛兆晁握手。毛兆晁见了莫言也是大吃一惊，过了几秒就拍着莫言的肩膀大笑起来，搞得莫言不知所措。毛兆晁说道："我还以为你是个女战士呢，没想到是个小伙子。"说完他翻出莫言的文章，兴冲冲地和莫言讨论起来。毛兆晁说莫言的稿子基础不错，要是再改改，说不定就能发表了。莫言欣喜若狂，赶回部队就写了新稿子送了过来，结果毛兆晁说新稿子还不如第一个。莫言心有不甘，继续狂改，他把两份稿子融合了一下，第三次送到了编辑部。

这一次，莫言改出名堂来了，编辑部在《莲池》1981年第五期上发表了他的稿子，这就是他人生中公开发表的第一篇小说——《春夜雨霏霏》。《春夜雨霏霏》情节非常简单，就是讲一个结婚不久的少妇在一个春雨霏霏的夜晚想念自己远在海岛上当兵的丈夫。小说对少妇的心理描写非常细腻，这也是当初毛兆晁见了莫言就笑起来的原因。

发表稿子需要一个笔名，这时，"莫言"这个名字才正式叫响，"管谟业"此时才成为"莫言"。之所以用这个笔名是因为他小时候因为说话惹了很多麻烦，所以他希望自己"莫言"，再者，"莫言"两字也正好可由"谟"字分解而来，比较有味道。

有了成功发表作品的经验，莫言总算摸出些门道来了。1982

年，他在《莲池》第二期上又成功发表了第二篇小说——《丑兵》。

两篇小说的发表彻底改变了莫言的生活，他拿到了144元钱的稿费，这可相当于一名干部三个月的工资！莫言拿到这笔巨款后，第一件事就是买好酒，和几个要好的喝了一顿，然后加了点积蓄，买了块他梦寐以求的上海牌全钢防震手表。

当然，对当时的莫言来说，稿费并不是最重要的，最重要的是文章的发表成功引起了领导的注意。领导们开始频频讨论起莫言来：训练大队有个老兵，会搞板报，会写材料，课也讲得好，还发表了小说！

有一天，总参肖副主任一行来保定训练大队视察，大队领导和他们聊着聊着就聊到莫言身上去了。

“肖副主任，我们大队里有个叫管谟业的老兵，在部队待了七年了，那确实是个人才啊，我强烈建议给他提干。”

“哦？”

“这人又能讲又能干，当初王政委都对他刮目相看。他原先在龙口那边站岗，就是王政委推荐过来的。他在这里搞训练，搞演讲，搞宣传板报，那真不赖啊。他最近还发表文章了，这样的人才不提干实在太可惜了！”

“嗯……那怎么没早跟他提干？”

“早就有这个想法了，不过那时他才刚来，我们想多观察一段时间。那会儿文件不是说24岁就不提干了吗，后来就搁下了。”

“嗯……这种问题吧，我们也不能太死板，人才还是要往上提……这样，明天我们去听一下这小管的课，你也别跟他说，我们悄悄地去。”

莫言的心扑通扑通狂跳起来，因为这时他正在领导们谈话的办公室隔壁工作，这番对话他听得一清二楚。这一夜，莫言又没有合眼，他整夜都在准备第二天的课程，他要好好表现，给这位肖副主任留一个好印象，就像当初王政委听他课时一样。

第二天，莫言走进教室，目光直接落到了最后一排座位，那里坐了四个人——总参肖副主任、宣传科科长、大队队长、大队政委，这四个人可以主宰他后面的命运！

嗓子有些发紧，舌头有些失灵，脑子有些发蒙，但是这毕竟不是莫言第一次见这种场面了，他很快就调整过来。他摸了摸额头，之前背得滚瓜烂熟的东西马上就大段大段地涌了出来：“今天咱们来讲讲生产力和生产关系。生产力能决定生产关系，生产关系也能反过来影响生产力……”莫言放任自己灵巧的舌头在嘴巴里搅动，越讲越流畅，越讲越有激情，几个领导都听得连连点头。最后，隔壁教室的人跑来了，他们说受不了了，管教官讲课太有激情，隔壁的根本没法子上课……莫言的课讲完了，领导们的意见是：还有待规范，但是水平已经相当高了，前途不可限量！

这年夏天，莫言收到了提干通知，从此，他不再是小兵，他变成正排级政治教官了；从此，他进了干部编制，可以安安心心吃国家粮了；从此，他不用再担惊受怕，不用再回到那片令他绝望的土地了……

七年的奋斗，莫言终于戴上了上海牌全钢防震手表，穿上了四个兜儿的军装。

10. 二十年的梦

提干以后，莫言马上又接到另一个通知，他需要前往北京工作！北京，神圣的城市，美丽的首都，毛主席待过的地方，所有人都向往的圣地！那个时候，像莫言这样从偏远农村走出来的小伙能去北京，那是非常了不起的事儿。然而，莫言当时的反应是这样的：北京！去啥北京？我不去北京，我就想待在保定。

莫言并没有做大官的梦想，提了干不用回家乡劳作，进部队的目的也就达到了。现在他只想找个好地儿写出几部好作品，成为一名真正的作家。什么地儿好呢？当然是保定了，他的文艺才华在这边的部队小有名气，而且他也已经跟这边搞文学的一拨子人混熟了，《莲池》编辑部、毛兆晁先生，这可都是人脉啊，怎么能离开呢？

莫言马上联系了江干事："江干事，这次您可得帮我啊，我好不容易在保定这边的文坛混了个脸熟，真不想走啊。去了北京人生地不熟的，想发个作品又得费各种周折了。"

"小管，你这样想就大错特错了。如果真想在文坛混出名堂，绝对是去北京好。北京是首都，人才多，大杂志多，机会多，去了那儿你的路只有更宽的。"江干事到底见多识广，三句话不到就把莫言给点醒了。莫言立即收拾东西，奔向了无限光明的北京。

1982年秋天，莫言成为了北京延庆某部宣传科宣传干事，负责新闻方面的撰写工作，偶尔也需要讲讲课。这个阶段的莫言工作不太认真，因为他已经清楚了自己的兴趣所在，那就是编故事写小说，他花在写作上的时间已经和正式工作的时间差不多了，有时还抽空参加杂志社组织的笔会。

几个月后，莫言又折腾出了三部小说：《为了孩子》、《售棉大道》和《民间音乐》。《民间音乐》讲的是一个热爱音乐的小瞎子的故事，小瞎子到达了一个小镇，被一位女店主收留，因为女店主想利用他的音乐天分谋财，小瞎子知道事情以后感到悲哀，一个人走向了远方。《民间音乐》是莫言凭空构想出来的故事，《为了孩子》和《售棉大道》则跟莫言的亲身经历有关，《为了孩子》源于他小时候被亲戚冤枉摔伤了堂弟的事情，《售棉大道》则源于他在棉花厂的经历。不过此时的莫言并不想让小说和故乡扯上关系，因为故乡给他的记忆多是饥饿、孤独、无助，在小说里他也想逃开那片土地，被亲戚冤枉后遭母亲痛打本来是段惨痛记忆，但是莫言却给小说安上了个温暖的结尾。折腾出来以后，莫言依然把作品投给了《莲池》，让他高兴的是，这三部小说都成功发表出来了。

1984 年，莫言被单位外派进修科学社会主义理论，为将来的干部理论教育作准备。学习期间，莫言发现一个来参加进修的总参干部总是抽空看《现代汉语》之类的书，非常纳闷儿，于是就询问起来。这个干部告诉他，解放军艺术学院新组建了一个文学系，给全军各单位都发了招生通知，他想利用这个机会考大学。莫言听完一惊，有这等事，我怎么不知道？他马上询问那名干部，自己能不能报名，干部说应该可以。

这一下，莫言的大学梦又燃了起来，他立即赶回单位询问相关事宜。不问不知道，一问吓一跳，原来领导们早知道这件事了，他们不希望莫言离开，所以才没跟他讲。领导劝莫言说：“小管啊，你才来一年多，前途无量，要是走掉了真的很可惜。”

“还是让我去考吧，我在这儿也当不了好干事，就算以后成了宣传科长也不见得有意思，因为写小说才是我最想做的。”莫言真心想进解放军艺术学院文学系，那样不仅圆了大学梦，还能学到文学方面的真材实料，对写作大有裨益。

领导见劝不动莫言，只好说道：“现在报考估计有点晚了，你自己抓紧联系总参负责院校招生的人吧！”

得到许可，莫言立即冲到总参询问报名一事，接待他的徐干事非常热情，告诉他要带的材料、学院的位置，并告诉他文学系的招生负责人叫徐怀中，还亲自把莫言送到了汽车站。在徐干事的帮助下，莫言很快找到了解放军艺术学院文学系办公室。办公室门口，他碰到了协助文学系主任徐怀中做招生工作的刘毅然。

“啪”，莫言脚一跺，冲刘毅然敬了个军礼：“您好，我叫管谟业，来自总参谋部，想要报考文学系。”

莫言穿着一身的确良军装，背着个挎包，满头是汗。刘毅然上下打量了他一番，问道：“报名早就截止了，怎么现在才来？”

“不好意思，我才刚刚接到消息，一接到就赶过来了。”

“推荐信和报名表拿来了吗？”

“这个……没有！”莫言挠挠头，感觉自己又要“稀稀了”，事发仓促，这些东西他都没准备好。

“那有没有作品带过来？”

“带了！”莫言如获大赦，连忙扯下挎包，掏出《售棉大道》和《民间音乐》递了过去。

刘毅然收下作品点了点头：“嗯，等我们研究研究，你先回去等着吧。徐主任很忙，就不见你了。”莫言不再多说，满怀忐忑地回到了单位。

莫言走后，刘毅然心不在焉地翻开了《民间音乐》，不过才看了两页，他就被吸引住了。刘毅然是一个很挑剔的文学爱好者，一些普通作品他翻两页觉得不好就不会往下看了，但是莫言这部作品的语言很有特色，深深打动了他。

读完两部作品，刘毅然马上就去找徐怀中，将莫言大赞了一番。徐怀中一看刘毅然的兴奋劲儿，当即也拿去作品读了起来，这一读完就不得了，他比刘毅然还要兴奋，最后竟然拍着桌子说：“这个学生，即便文化考试不及格我们也要了。”

有了这么一出，后面的事情就没什么悬念了，莫言顺利通过了招生考试，还是以最高文化考分通过的。

1984 年秋天，年近 30 岁的莫言进入了解放军艺术学院文学系，成为了一名真正的大学生，那个做了 20 多年的大学梦总算成真了！

第四章

回　归

1. 痛苦的“头号造币机”

进入解放军艺术学院的大门后，莫言正式走上了文学创作的道路，以往的写作都成了小打小闹。在这里，莫言的生活变得非常有规律，白天听课，晚上写作。

由于学院的文学系才刚刚成立，师资紧缺，所以大部分老师都是外聘的。老师的来源非常广泛，北大文学系的、社会科学院的、外国文学研究所的、有名头的作家、资深的翻译家……老师们想法不同，各自讲各自擅长的，于是乎，学生们接受了一场信息上的狂轰滥炸。这样的教学方式对莫言来说非常有利，他以往接触的东西太局限了，现在的超大信息量立即就敲醒了他的脑袋瓜，冲开了头脑中的固有文学观念，他的写作实力突飞猛进，创作风格和趣味也发生了翻天覆地的变化。

莫言很珍惜这来之不易的学习机会，他从来不缺课。上课时，他就坐在教室一个角落里，不发言也不参加讨论。和其他同学相比，莫言取得的成绩实在算不上突出，他仅仅在不太出名的杂志上发表过几篇不太出名的小说，而文学系的好多同学已经在文学界小有名气，得过很有含金量的奖了。

白天听了课学了东西，晚上莫言就开始闭门造车。和莫言同住一个寝室的还有两人，一个叫施放，一个叫崔京生，施放来自成都军区，崔京生来自东海舰队。文学系的学生们都爱熬夜写作，到了深夜两点宿舍里基本都是灯火通明，而莫言他们寝室更是熬夜中的“佼佼者”，如果第二天课少，那就熬到天亮。要是半夜饿了，莫言就用“热得快”烧一壶水，泡上一包方便面，放上几颗花生，轻松解决问题。有一次风闻学校的方便面即将涨价，他就一次性买了80包。

由于莫言寝室三个人都很刻苦，发的稿子多，因此收到的稿费也多，于是，其他同学便戏称他们寝室为“造币车间”，莫言则被称为“头号造币机”。

莫言无愧于“头号造币机”称号，他最刻苦，造的币也确实多。没有人熬夜熬得过莫言，因为太多时候要通宵达旦创作，莫言怕影响别人，还专门借过一间教员宿舍，那些天他在大家睡觉前就带着稿纸出去，第二天早上大家睡醒了，他才回来，而且毫无倦意。那时候写作用的纸张都是学校定期统一分发的十六开绿格子大稿纸，莫言经常写着写着就发现稿纸用完了，然后还要去找刘毅然要。

这一年是莫言的高产年，还没到年底，他就折腾出了大量的中篇、短篇小说，《金翅鲤鱼》《放鸭》《岛上的风》《雨中的河》《大风》《石磨》《金发婴儿》《流水》《黑沙滩》。莫言的水平提升了，投的杂志也就不局限于《莲池》了，《无名文学》《长城》《解放军文艺》《小说创作》《流水》《钟山》他都投过稿，而且都能够成功发表。

不过，此时的莫言并没有感到有多开心，反而越写越感到烦恼。虽然出了这么多作品，但是他只算是一个优秀的写手或者说作者，算不上作家。他感觉自己寻找不到突破口，写去写来就是这个样子，能达到发表的标准，却不出色，不能得到社会的普遍认同，甚至都得不到自己的认同。这不是他想要的，这些作品他既爱不起来，也恨不起来，因为他无法将自己的情感和它们关联到一起。

究竟要怎样，才能写出属于自己的一片天？

一天又一天的思考、尝试，莫言陷入了深深的纠结和痛苦之中，因为他渐渐发现，只要一提起笔，脑子就开始浮现故乡的场景，故乡的桥、故乡的树、故乡的高粱、故乡的饥饿、故乡的孤独……莫言想要逃离故乡，逃得越远越好，无论是在身体上还是在精神上，他进棉花厂是为此，参军是为此，提干是为此，写作也是为此……可是，为什么在尘埃落定之后他的精神又情不自禁地飘向了故乡呢？

莫言不想把故乡的东西带进作品里，不想在作品里展现那方贫瘠、肮脏、让人厌恶的高密农村土地，他拼命压抑着身体里迸发出来的真情实感，努力把作品放到文学教程给他制好的模具中去，他只想文雅，不愿去提那土里土气的村庄、令人绝望的饥饿与孤独。

莫言写得很痛苦，他觉得之前的文章都是“憋出来”的，这不是他喜欢的写作方式，他希望文章是“流出来”的。要文章“流出来”，最好是顺着内心的方向写，可是他内心所向的，偏偏又是他最想逃离、最想漠视的地方，这是多么矛盾的一件事啊！

童年时代的故乡记忆在莫言脑海里翻滚得越来越剧烈，他越是压抑这种情感，这种情感却越是充沛，弄得他无所适从。渐渐地，莫言妥协了，他开始承认：或许，我对故乡的抵制就是一个巨大的错误，或许，故乡本来就是一个逃不开的地方！

莫言这样回忆当时的状态：就像是渔民的女儿是蒲扇脚，牧民的儿子是镰柄腿一样，我这个 20 多岁才离开高密大栏乡的土包子，无论如何乔装打扮，也成不了文雅公子，我的小说无论装点了什么样的花环，也只能是地瓜小说。其实，就在我做着远离故乡的努力的同时，我却在一步步地不自觉地向故乡靠拢……

这一天，莫言尝试听从内心的召唤，小心翼翼地解开了心里关于高密大栏乡的封印……

2. 透明的红萝卜

封印解开了，莫言的创作灵感像泉水一样涌了出来……

1984 年初冬的一个早晨，莫言做了一个梦，梦中出现了一片很广阔的萝卜地，地里种的全是高密农村早就有的大红萝卜，非常鲜艳。太阳升起，一轮红日从地平线上冉冉升起，光辉洒到了萝卜地中央的一个草棚子上，草棚子里走出一个丰满的、穿红衣服的姑娘。姑娘手里拿着一柄鱼叉，她从地里插起一个大红萝卜，举起，朝太阳走去，萝卜在阳光下闪耀着异样的光芒……

“嘟嘟嘟……”起床号响了，莫言睁开眼，腾地从床上爬起来，那个闪耀着光芒的红萝卜依然浮现在脑海里。和室友施放去食堂的路上，莫言兴奋地叫道：“老施，我要写篇小说，我要写一个红萝卜！”

“你要写一个什么样的红萝卜？”施放问道。

“我要写一个金色的红萝卜……”莫言给施放描述了那个梦境，“你说，我从梦境中的意向出发，来写一部小说，能行吗？”

施放点点头：“能！你这出发点比较新奇，我看行。”

莫言久久地沉静在梦境中，内心无比兴奋，他感觉自己终于找到那个一直想找的突破口了。这天上课，莫言一边听讲一边在笔记本上记下了梦境，并且马上就下笔了，这次他终于有文章“流出来”的感觉了，他顺从了内心所向！两个星期后，稿子就出来了，名字叫做《金色的红萝卜》。

小说的主人公名叫“黑孩”，黑孩12岁，家庭贫困，吃不饱穿不暖，常常遭受虐待。黑孩沉默寡言，常常对着事物发呆。他有着超强的听觉、触觉、嗅觉，对大自然有着异于常人的感受能力，在他眼里，红萝卜是透明的，是金色外壳包着的银色液体。黑孩在运河工地干活时，施工的铁匠逼他去地里拔萝卜。黑孩拔了萝卜却被发现，工地队长扒光了黑孩的衣服要黑孩的父亲来取，黑孩很害怕，钻进了地里，像鱼一样游进了大海，与自然融为了一体。

看到这个故事你一定觉得熟悉。是的，莫言笔下的黑孩就是他自己，故事就来源于他12岁那年在工地因为拔了一个萝卜，被罚跪在毛主席像前认错，并被父亲毒打的事情。莫言的心已经踏上了返回家乡的路，他不再躲闪，开始把童年所受的饥饿、孤独、痛苦表达出来，这表达的过程就是回归的过程，而这个他一向害怕的过程却并没有像预期的那样让他感到痛苦！

稿子出来了，莫言陷入了纠结，作品里终于有了他自己的爱与恨，但是他不知道这稿子该不该投，该往哪里投，甚至不能确定这算不算小说。

莫言把稿子拿给刘毅然看，让他给点评价。刘毅然看完后感叹道："这当然是小说，而且不仅仅是小说，还是一首长诗。"刘毅然把这首"长诗"转交给徐怀中主任，徐怀中看了再一次对莫言大加赞赏，连他的夫人都说："这个黑孩子让我很感动。"徐怀中建议莫言把小说投给更有影响力的全国性杂志，并说让他来推荐，莫言答应下来。

徐怀中把小说题目《金色的红萝卜》改成了《透明的红萝卜》，又专门召集了几名优秀学生进行座谈，对小说提建议。再一次修改后，徐怀中将小说推荐到了《中国作家》杂志。杂志主编冯牧看完以后觉得心里没谱，这小说比较新奇，发出去好不好呢？

冯牧无法决定，又让责任编辑萧立军看，萧立军对小说大加赞赏，认为这是不可多得的好作品，不仅要发表，还要发表得轰轰烈烈，因为这部作品对于这个年代的文学转型具有重大价值，它可以突破从"文化大革命"结束到1980年代中期文坛里自然而然生成的某些禁区。

萧立军为莫言组织了两场座谈会，第一场就在解放军艺术学院进行，参加座谈的是徐怀中和莫言的一些同学。萧立军专门借

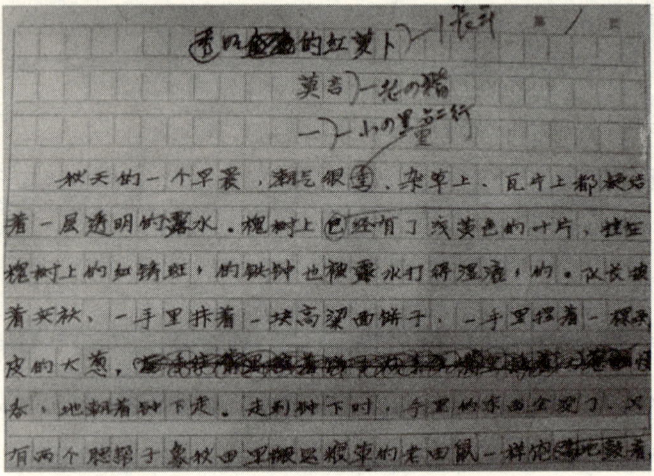

《透明的红萝卜》一文手稿

了个收录机，把座谈会上的谈话录了下来，最后还整理出一篇座谈纪要——《有追求才有特色——关于〈透明的红萝卜〉的对话》，这篇纪要将和《透明的红萝卜》一起在《中国作家》发表。第二场座谈会更加盛大，会议地点在北京华侨大厦，参加会议的无一不是大名鼎鼎的文学大咖，随便哪位都可以撑起文学界的一片天，例如汪曾祺、史铁生、曾镇南……

小说发表以后，文学界轰动了，所有人都开始念叨莫言，念叨红萝卜，评论家们将这部小说誉为“新中国成立以来农村题材小说中不可多得的精品”。至此，莫言正式出道了，他在文学界占有了一席之地，这部《透明的红萝卜》也因此成为了他的成名之作。

莫言明白了，他以往所逃避的，原来正是他应该追寻的！“红萝卜”的成功使莫言信心大增，他冲向了他一直苦苦寻找的突破口，突破口就是他的家乡——高密大地。

听从内心的呼唤，灵感来得格外迅速。很快，莫言的一系列优秀作品从笔下流淌出来，《爆炸》、《筑路》、《秋水》、《枯河》、《老枪》、《三匹马》、《五个饽饽》、《白狗秋千架》……它们都有一个共同的背景，那就是高密东北乡（莫言文学作品中的地名）；他们都有一个共同的主人公，那就是莫言自己！

3. 红高粱家族

《透明的红萝卜》让莫言出了道，1985年的一系列作品让他在文坛站稳了脚，但是，他就缺一个机会，一个能让他扬名立万，由作家变成大作家、名作家的机会。1986年，这个机会来了！

在一次文学创新讨论会上，几位老作家提出一个关于战争小说的问题，问题大抵是这样的：中国共产党从成立之日起，有28年是在战争中度过的，谁能通过文学作品来反映这段历史呢？老一辈的作家亲身经历过战争，他们有很多素材可写，可惜的是没有精力了，因为“文化大革命”耽误了他们最好的青春年华。这个任务只有留给年轻一代的作家来完成，可是，年轻一代的作家没有亲身体验过战争，他们怎么才能在作品中把战争历史表现好呢？

莫言却认为，写战争小说不一定要亲身经历战争，这些老作家多虑了，于是当即就站起来说道：“我们可以通过别的方式来弥补这个缺陷。没有听过放枪放炮但我听过放鞭炮；没有见过杀人但我见过杀猪甚至亲手杀过鸡；没有亲手跟鬼子拼过刺刀但我在电影上见过。小说家的创作不是要复制历史，那是历史学家的任务。小说家写战争这一人类历史进程中的愚昧现象，最重要的是表现战争对人的灵魂扭曲或者人性在战争中的变异。从这个意义上讲，即便没有经历过战争的人，也可以写战争。”

莫言说完，现场嘘声一片。散会后，马上就有人开始数落莫言的不是了，说他小和尚打伞——无法无天，说他碟子里扎猛子——不知道深浅。总之，这场会议开完，莫言就从一个无私的人民战士变成了狂妄无知、不知道天高地厚的无耻小青年。

莫言才30岁，年轻气盛，一听就不乐意了，我怎么就不知天高地厚了？为了证明自己的观点正确，他暗下决心，一定要写出一本战争小说，而且，要出彩。可是，怎么出彩呢？

在“文革”以前就有好多作家写过战争小说，莫言小时候找狼老师借的《红日》、《踏平东海万顷浪》、《红旗插上大门岛》、《烈火金刚》、《红日》、《红岩》……没有哪一本不是写战争的。那些前辈们都亲身经历过战争，他们从战争开始写到最后胜利，把战争过程完完整整地再现了出来，而且再现得相当逼真。莫言没有经历过战争，作为一个战士，他连枪也没打过多少次，唯一能拿出来说说的关于枪的经历，就是他初入部队在黄县训练打靶时差点被战友一枪爆头。所以，要说写战争过程，莫言无论如何也写不过那些真正经历过战争的老作家，他要出彩，就必须另辟蹊径，从某个侧面去反映，而不是直接描写战争。

通过《透明的红萝卜》以及之后一系列作品的成功，莫言对家乡的记忆不再排斥了。他渐渐明白，那些记忆不应该是他要逃避的，而应该是他要追寻的，在创作的道路上，那些记忆是他独

一无二的财富。他不需要去苦苦寻找材料，不需要去模仿他人，不需要去体验战争，只要打开心中那通往故乡的大门，他就可以看到一片广阔的天地，那里有写不完的东西。

所以这一次，莫言又让思绪飘回了故乡大地——高密东北乡，融入了村里的老人们曾用方言土语讲出来的、关于战争的故事……

1938 年 3 月 15 日，在莫言的村子附近，一个名叫曹克明的人带着四百多人埋伏起来，这几百人一动不动地望着村外的大路——那里，他们埋下了尖利的铁耙子，堆起了大堆的高粱秸。一会儿，路上热闹起来，因为日本鬼子开着汽车，浩浩荡荡地冲来了！日本鬼子的车胎被铁耙子扎破以后，曹克明一声令下，埋伏的人冲了出来。轰爆的炸弹，燃烧的高粱秸，冲天的火光，爆炸的汽车，挥舞的大刀，飞溅的鲜血……战斗结束了，游击队员们用仅仅 30 人的伤亡换来了日本鬼子的全军覆没，大胜而去！可是，日本鬼子不愿吃这个闷亏，不久后他们便集结了新的队伍打了回来，而游击队员们已经去了别处。日本鬼子没有善罢甘休，他们在邻近的村子进行疯狂扫荡，杀了 136 名无辜群众，烧了八百多间房屋，无辜民众的鲜血洒在了高密大地，染红了那一片片高粱地……这是发生在莫言故乡的战争，这就是他最好的题材！

莫言的爷爷奶奶就属于那个热血的时代，于是，小说的主人公出来了，那就是“我爷爷”、“我奶奶”；“我爷爷”、“我奶奶”的时代人少高粱多，那一片片到冬天就挺立着的密密的高粱秸就成了热血汉子们抵抗日本鬼子的屏障，于是，故事的发生场所设立好了，那就是高粱地。莫言开始写故事了，那是发生在故乡的高粱地里的一个关于抗日和爱情的故事。

1986年，《人民文学》杂志第三期刊登了莫言这部关于战争的小说——《红高粱》。《红高粱》一经刊出，好评纷至沓来，莫言的名声大增，可是他没有时间去理会这些评论，因为他的灵感还在像泉水一样涌出，红高粱地里的故事并没有结束，源源不断的灵感让莫言癫狂起来，他兴奋地写着，沉浸在故乡的故事里。他的手上、脚上、耳朵上长满了冻疮，脓水就跟灵感一样源源不断，屁股上生了疮，他就蹲着写，蹲累了就跪着写。创作过程本是艰苦的，莫言的身体被折磨得苦不堪言，但他的内心却不亦乐乎、飘飘欲仙。不久后，《高粱酒》、《高粱殡》、《狗道》、《奇死》相继创作完成，与《红高粱》一起构成了"红高粱家族"。

4. 高粱地里诞生世界级电影

这一天，莫言在宿舍写中篇小说《筑路》，寝室门突然砰砰响了起来。莫言打开门，一个壮年汉子一瘸一拐地走了进来。这汉子穿着破衬衫、剃着光头，一张脸黑得跟煤炭有一比，他左脚穿着由一只废轮胎胶布粘成的凉鞋，另一只鞋却提在手里——那只鞋的鞋带子似乎被踩断了。莫言还没说话，这位不速之客就恭敬地伸出了手，自我介绍起来："莫言老师，你好！我是张艺谋……"

当时的张艺谋还不算出名，莫言只晓得他是搞电影的，完全不知道这个人的到来会给他的生活带来多大的改变。

张艺谋是陕西西安人，初中毕业后在陕西乾县农村插队劳动，1978年破格进入北京电影学院摄影系学习。张艺谋对拍电影情有

独钟，毕业后他果断从事了电影方面的工作。几年来他做过电影摄影师，也亲身演过电影，但是他的梦想是做一名导演，拍出自己的电影作品。这一次他来找莫言，是因为看上了莫言的《红高粱》，他想把《红高粱》改成剧本，然后由自己做导演拍出这部电影，以圆自己的导演梦。

张艺谋说明自己的来意后，莫言当时就纳闷起来："不是吧，我这样的小说，怎么可能改编成电影呢？"莫言也看过不少电影，他认为，电影里的故事必须惊心动魄、充满巧合、催人泪下，可是他的《红高粱》里没有这些东西。张艺谋显然有自己的想法，他很喜欢《红高粱》，并向莫言打包票，说自己一定能拍好。

莫言对自己的作品改成电影有些期待，但他还是怀疑《红高粱》的故事不好改，只怕拍了没人看，于是说道："行吧，那您尽情改。我不是鲁迅，也不是茅盾，改变他们的作品要忠实原著，改编我的作品爱怎么改就怎么改。你要'我爷爷'、'我奶奶'在高粱地里实验原子弹也没关系。拍好了那是你张艺谋的光荣，拍砸了也不是我的耻辱。"

莫言和张艺谋都好说话，两人谈得很投机，还没半个小时这事儿就谈妥了。当时国家规定小说改编成电影的最高版权费是八百元钱，张艺谋为了让莫言多拿点钱，将电影分了集，按两部电影的费用给莫言支付，加上参与改编的酬劳，莫言一共拿了两千元，这笔钱在当时可是个天文数字！

1987年，《红高粱》要开拍了，莫言建议张艺谋去东北取景拍摄，张艺谋却坚持要在莫言的家乡拍，因为他觉得必须在故事的原发地拍才能拍出味道来。不过，等张艺谋到了高密大栏乡去选拍摄地时，他傻眼了，这里哪有高粱地？莫言解释道，高密种高粱是很多年前的事儿，近些年种小麦就吃得饱了，没有人去种高粱。没有高粱还拍啥《红高粱》？这情况拍出来就成《红小麦》了！

张艺谋害怕耽误拍摄进程，当机立断，决定临时种高粱，现在是春天，等到夏天高粱长出来就可以开拍了。张艺谋以每亩地250~300元的价格和当地村民签了合同，耗资四万元，让村民种了一百多亩的高粱地。

夏天，一百多亩高粱长了起来，《红高粱》正式开拍。由于大多数情节发生在高粱未成熟时节，张艺谋拍摄时格外着急，因为高粱一旦成熟，拍出来就没有故事原来的韵味了。整个夏天，拍摄人员们都处于高强度工作状态，起早贪黑，饭无定时，张艺谋作为导演却经常要亲自上阵搬器材，以至周围看热闹的村民都说："拍电影不是个活儿，有孩子绝不让他干这个。"

莫言对电影的拍摄关注得比较少，因为他对这东西一窍不通，帮不上什么忙。7月莫言从解放军艺术学院毕业，工作岗位换到了总政治部文化部，中间他乘机回高密看了看拍摄状况，但是没看出个所以然来。莫言只觉得高粱种得太少，长势也不好，拍起来捉襟见肘，而且过程一点也不好玩，半天拍不出一个镜头。此后，莫言再也没管过拍电影的事儿了，他去了北京，继续高歌猛进，创作新作品。

1988年冬天，莫言回高密过年，春节期间就在村里供销社的仓库里写作。有一天，在供销社工作的堂弟拿了份《人民日报》兴冲冲地跑进仓库丢给莫言，莫言拿起报纸，只见报纸副刊上是整整一版的《〈红高粱〉西行》!

《〈红高粱〉西行》说的是《红高粱》电影在第三十八届西柏林电影节获奖的经过。这西柏林电影节可不一般，它是世界三大电影节之一，影响巨大，每年有40多个国家和地区参与其中，能在这样一个电影节上获奖太不简单了，中国还没有任何一部电影在世界三大电影节上获过奖。莫言拿着这份报纸，久久不能平静，这证明,《红高粱》电影成功了!

春节过完，莫言回北京工作，在车站，他听见有个小伙在吼:“妹妹你大胆地往前走，往前走，莫回呀头。通天的大路，九千九百九，九千九百九呀……”莫言一听这歌顿时就乐呵了，这是什么歌儿，不正是张艺谋给《红高粱》写的主题曲吗？让莫言惊讶的还在后头，他进了北京城，满大街都在唱这首歌，所有人都在谈论那高粱地里发生的故事。

是的,《红高粱》火了，张艺谋火了，莫言也火了!

有了《红高粱》电影，莫言不只在文学界闻名了，他的小说也因为电影而卖疯了，所有人都记住了莫言的名字，莫言走向了创作生涯的顶峰。

2014年，由著名导演郑晓龙执导的电视剧《红高粱》也正式与观众见面。该剧由周迅、朱亚文、秦海璐、于荣光等领衔主演，全剧共60集，讲述了在20世纪30年代初，九儿和余占鳌在充满生命力的山东高密大地上，用生命谱写的一段关于爱与恨、征服与被征服，充满生命力的近代传奇故事。与电影版相比，电视剧版更显厚重，故事感更强，人物刻画也更加细腻鲜活，剧情也更加丰满。《红高粱》于2014年10月27日登陆北京卫视、山东卫视、浙江卫视、东方卫视四大卫视黄金档首播后，“霸屏”达一月之久，取得了收视率和口碑的双丰收。

影、视版《红高粱》剧照

5. 来自天堂的蒜薹

莫言没有被这一年的大红大紫冲昏头脑，就在《红高粱》火爆的那年，他的另一部足以震惊世人的作品又诞生了，这部作品叫做《天堂蒜薹之歌》。

这部作品的诞生源于前一年的一件看似和莫言毫无关联的事：1987年，山东苍山县政府为了提高农业产值，要求农民种蒜薹，农民们认为政府有完善的计划，都种得不亦乐乎，想跟着政府大赚一笔，结果，这一种就种出事儿来了。这一年苍山蒜薹大丰收，六千二百多亩蒜薹地，产了四千五百万公斤蒜薹。农民们风风火火收了蒜薹，准备收钱乐呵，可是，哪里卖得出去？政府只顾盲目硬性摊派，完全没考虑市场的消化容量，农民们就这样被推进了大坑。几千万公斤的蒜薹滞销，大量的投资打了水漂，想哭没地儿哭。没地儿哭怎么办？只有去找政府讨公道了。那一天，几千农民聚集起来，拖着一大车卖不出去的蒜薹冲进县政府院里，将蒜薹到处抛洒，并对县政府进行打砸，一些砸红了眼的农民甚至冲进办公楼里抢走政府各种档案资料、印章，县政府外面也是混乱不堪，路上过往的车辆被砸，司机、干部被打。事件发生后，山东省派工作组前往苍山县调查，对煽动打砸的农民进行逮捕，县政府的相关负责人也被撤了职。

这件事在当时轰动了全国，各大报纸竞相报道，莫言看到报道后十分激动，他感觉到，自己作为一名从农村走出来的作家，必须替农民说话了。当然，并不是莫言多事，虽然他以前没去过山东苍山，今后也不会去，但他知道，自己必须写点什么，因为这次蒜农与县政府的冲突，让他想到了四叔的死！

莫言的四叔前面已提到过了，就是在莫言最孤独的时候安排他进生产队割麦子的那位。四叔是莫言非常喜欢的一个人，关于他，莫言有太多的记忆。

四叔自幼没了父母，由莫言的爷爷奶奶抚养长大，或许是因为这样的原因，四叔一直对莫言关爱有加。莫言退学时，四叔是生产队队长，他总是顶着压力，或明或暗地帮助着莫言。莫言非常崇拜四叔，因为四叔的口才很好。四叔在打麦场上当着所有村民的面发表演讲，天南海北，像说相声一样，其他人都只有听他讲的份儿。晚上公社社员们定工分，你一言我一语吵得不可开交，可是四叔一来，问题就马上解决了，再难缠的主儿经他三言两语几劝，也会乖乖听话。莫言曾立志要像四叔一样做个会说话的人，当上队长，四叔说：“就你？三脚踢不出一个屁来还想当队长？知道不，当官首先要有好口才，反过来说就是‘好口才才带着三分官’。”莫言知道四叔说的对，但他不知道四叔为什么这么会说话，他说的话总能解决问题，而自己说的话总是引发问题。

1984 年 10 月，莫言刚刚进入解放军艺术学院一个月，还沉浸在圆梦的幸福之中，这时一个噩耗传来——四叔死了，死于非命。那一天，四叔赶着牛车前往离家 40 公里外的县办糖厂送甜菜，途中被一辆拖拉机连人带牛撞翻，四叔的头上被撞出了一个鸡蛋大的包，当场死亡。拖拉机手是酒后驾驶，而且没有驾驶证，按法律是应该判刑的，可是，拖拉机手赔了他们 3500 元，这事儿就这么着了。不是因为他们认为四叔的命就值 3500 元，而是因为拖拉机手是乡党委书记的朋友，拖拉机手当时就是在帮乡党委书记拉砖。事情发生后，多名说客拿着一点可怜的钱到家里进行威逼利诱，想让事情就这么结束，莫言一家本不同意，可事情总是得不到解决。那伙人甚至扬言，“要告就去告，我们不怕”，他们之所以这么猖狂，是因为有县里的人在背后支持。后来肇事拖拉机手给莫言家送来一捆带鱼，莫言主张扔到街上去，但是父亲不敢把

事情闹太大，把鱼分给了一起操持丧事的亲戚们。莫言和大哥管谟贤很不甘心，一直认为要打官司，可是父亲制止了他们，他说：“人死不能复生，咱宁叫一家冷，不能叫两家寒啊！”父亲之所以有此一说，是因为乡党委书记是莫言的姨夫的侄子，双方有着点八竿子打不着的关系，但更深的原因明白人都知道：莫言一家没钱没权，官司很难打！

对于四叔的死，莫言心中有无限的憋屈和无奈，至亲的人命被屁大点的官用3500元买下来，他完全不知这口气自己最后是怎么咽下的。苍山县蒜薹事件发生以后，莫言再也忍不住了，他当即决定写一部小说，控诉官僚主义和腐败行为，于是《天堂蒜薹之歌》诞生了。小说中，莫言花了大量笔墨描写闹事蒜农的庭审现场，其中有个年轻军官作为蒜农的辩护律师慷慨陈词，将干部不作为、搞腐败的行为一一揭穿，义正词严，大快人心。莫言一直觉得，如果自己早几年出名，四叔的事兴许就不会这么草草收场。

6. 冷静的诺贝尔奖获得者

《天堂蒜薹之歌》问世后，故乡赋予莫言的灵感仍然没有枯竭的迹象，1988年至2009年间，他又拿出了《酒国》《红树林》《食草家族》《丰乳肥臀》《檀香刑》《生死疲劳》《蛙》等多部经典巨著，这些作品无一不是掀起文学上的惊涛骇浪。是金子在哪里都会发光，在一年又一年的奋斗中，莫言的光芒越来越耀眼，渐渐照到了国外。

美国有位汉学家，中文名叫葛文浩，这葛文浩是个传奇式的人物，他年轻时不爱读书，贪玩到了一种境界，喝酒、跳舞，什么乱七八糟的事都做过。他在南加州长滩一所公立学校念书，是学校最差的学生。葛文浩毕业后，身无一技，找不到事做，只好当兵，最后被派到了越南。当时越南战争正打得火热，局势紧张，到那里也就是到了地狱边缘，这时的葛文浩猛醒过来，他不想就这么断送了性命，于是申请离开越南，机缘巧合之下，他到达台北学起了中文，最后成为了一名翻译家。

1988 年，葛文浩读到了莫言的《天堂蒜薹之歌》，觉得这书太不一般了，他很惊讶，也很喜欢，当时就想翻译出来，于是马上给莫言写了信。莫言也很乐意自己的作品被翻译成英文，当即答应下来，并嘱托葛文浩尽情发挥，弥补书中的缺陷。就这样葛文浩开始翻译《天堂蒜薹之歌》，不过，他才翻译了几页却停下了，因为他读到了莫言的另一部书《红高粱》。葛文浩将《红高粱》翻了两页就坐不住了，他不明白，世界上怎么会有如此吸引他的作品，他马上给莫言写了第二封信，说《天堂蒜薹之歌》要放一放，先翻译《红高粱》，莫言自然是同意了。随着对莫言作品的深入了解，葛文浩彻彻底底地爱上了这位中国作家，他这一翻译便停不下来了，他似乎对莫言的作品有了瘾，接二连三地将《红高粱》《天堂蒜薹之歌》《酒国》《四十一炮》《丰乳肥臀》《生死疲劳》《檀香刑》《爆炸》《变》《蛙》《师傅越来越幽默》全给翻译了出来。

随着英文译本的出现，莫言渐渐走向了世界，从一个中国著名作家变成了世界著名作家，于是，更多人读到了他的作品，并上了瘾。更多翻译家涌向莫言，要把他的作品翻译成本国的语言——瑞典翻译家陈安娜、法国中国语言文学教授诺埃·杜莱特、日本翻译家井口晃和吉田富夫……渐渐地，莫言成为了中国作家中作品译本最多的人，英文、法文、德文、日文甚至波兰文、希伯来文、塞尔维亚文……似乎只要世界上存在一种语言，那就会有莫言作品在该种语言上的译本。

1994 年，日本作家大江健三郎获得了诺贝尔文学奖。在那一年 12 月 10 日的诺贝尔颁奖典礼上，大江健三郎按照惯例作了获奖演说，但是演说完毕后他没有按照惯例行礼下台，而是说了两句与自己获奖毫无关联的话：“如果有可能让我来选出一位诺贝尔文学奖获得者，那就是莫言。在我知道的中国作家中，莫言是最出色的。”

那一天，很多人不明白大江健三郎为什么要在获奖演说后补上这么一句，但是 18 年后的 12 月 10 日——2012 年 12 月 10 日，他们明白了。因为这一天，莫言来到了瑞典，站到了诺贝尔奖领奖台上！

获得诺贝尔奖以后，莫言很清醒，面对“中国第一个诺贝尔文学奖获得者”这样的光荣称号，他说：“世无英雄，遂使竖子成名。当代文坛没有出现大作家，才使我这样的人得以成名，这一点必须非常清楚。一些人比我有才华，个人经验比我丰富，但是没能在文学上获得太大的名声，是机遇的原因，从这一点来讲我非常幸运。所以我要经常向别人学习，不要忘本。诺贝尔文学奖是个好东西，没有必要回避。但是，我希望自己获奖的热潮能快点过去。”莫言相信自己获奖的热潮能够很快过去，中国会在很短的时间内将他重新遗忘。

莫言在斯德哥尔摩音乐大厅接过诺贝尔文学奖证书、奖章及奖金

然而，莫言头上光环太耀眼，人们似乎不太想将他遗忘。他刚刚获奖，高密政府就着手建立“莫言文学馆”了，莫言对此举非常反对，家里人也纷纷表示不同意。管家家风低调内敛，谦虚谨慎，这种堂而皇之大费周章的颂扬他们怎么能接受呢？不过，政府当然有政府的理由，他们马上说出了一个让莫言无法辩驳的理由：“建文学馆不是建你们老管家的家庙，是高密文化界的大事儿。莫言是高密的，莫言是世界的！”话说到这个份上，莫言真不知道怎么接话了，得了个巨奖，他自己已不完全属于自己了，还有什么好说的呢？建吧！

建完了文化馆，政府又筹划着要修“莫言故居”，这一下，莫言和家人都吓到了，一向谨言慎行的他们无论如何不敢同意，在莫言眼里，这一行为无异于主动招惹是非。

人怕出名猪怕壮，尽管莫言刻意低调，但是家人的宁静生活还是被打破了，慕名而来的游客们源源不断地来到高密，走进莫言的家，要瞧一瞧这位伟大作家一直想要逃开最终却逃不开的地方。二哥管谟欣在旧居院里种了很多萝卜，莫言获奖后不到十天，萝卜就全被游客们拔光了，如今家里索性把院内修平整，什么也不种了。游客们到来要问这问那，家人们不得不当起“义务讲解员”，讲莫言在这里的成长故事。记者们更是纷至沓来，他们要问任何和莫言有关的人，要问关于莫言的一切，起初家人和周围的村民还回答得挺乐意，但时间一长就不厌其烦了。

如今，莫言已经60岁高龄，他和妻子杜勤兰、女儿管笑笑幸福地生活在一起。对于一个年过花甲的老人，我们不应该再苛求他创造更大的文学财富了。不过，女儿管笑笑似乎继承了莫言的写作天赋。也许是受父亲影响，管笑笑对手写的书信情有独钟，不仅用钢笔，还经常用毛笔和宣纸给父亲写信，这让莫言深为感动，他就把女儿用宣纸写的信贴在客厅墙壁上，有空便细读品味。女儿曾偷偷地构思了一部反映大学生活的长篇小说，当管笑笑忐忑不安地把写完的这部19万字的初稿拿给莫言看时，莫言的评价

莫言发表的作品（部分）

是——还可以。2003年初，这部名为《一条反刍的狗》的小说由春风文艺出版社出版，并受到青年读者的好评。女儿出息了，父亲也没闲着，这年7月，莫言的新作《四十一炮》在同一家出版社出版。这对父女作家，给文坛平添了一段佳话。

或许，我们应该如莫言所愿，将目光从他身上移开，让这位终于回归故乡的伟大老人安心享受故乡赐予他的饥饿、孤独，还有幸福!

以下是莫言的主要作品、发表时间：

长篇小说（11部）

《红高粱家族》1987年

《天堂蒜薹之歌》1988年

《十三步》1988年

《酒国》1993年

《食草家族》1993年

《丰乳肥臀》1995年

《红树林》1999年

《檀香刑》2001年

《四十一炮》2003年

《生死疲劳》2006年

《蛙》2009年

中篇小说（27部）

《透明的红萝卜》（1985年）

《球状闪电》（1985年）

《金发婴儿》（1985年）

《爆炸》（1985 年）

《秋水》又名《流水》（1985 年）

《筑路》（1986 年）

《欢乐》（1987 年）

《红蝗》（1987 年）

《你的行为使我恐惧》（1989 年）

《父亲在民夫连里》又名《野种》（1990 年）

《怀抱鲜花的女人》（1991 年）

《白棉花》（1991 年）

《红耳朵》（1991 年）

《战友重逢》（1991 年）

《幽默与趣味》（1992 年）

《模式与原形》（1992 年）

《梦境与杂种》（1992 年）

《牛》（1998 年）

《三十年前的一场长跑比赛》（1998 年）

《长安大道上的骑驴美人》（1998 年）

《师傅越来越幽默》（1999 年）

《我们的七叔》（1999 年）

《藏宝图》（1999 年）

《野骡子》（1999 年）

《司令的女人》（1999 年）

《扫帚星》（2001 年）

《变》（2009 年）

短篇小说集（2 部）

《白狗秋千架》

《与大师约会》

获得的主要荣誉：

- 2012　获诺贝尔文学奖
- 2011　《蛙》获第八届茅盾文学奖
- 2011　获韩国万海文学奖
- 2008　《生死疲劳》获第二届红楼梦奖
- 2008　《生死疲劳》获第一届美国纽曼华语文学奖
- 2006　获日本福冈亚洲文化奖
- 2005　获意大利诺尼诺国际文学奖
- 2005　《月光斩》获第一届蒲松龄短篇小说奖
- 2004　《四十一炮》获第二届华语文学传媒大奖年度杰出成就奖
- 2004　《月光斩》获第五届茅台杯·人民文学奖
- 2003　《檀香刑》获第一届鼎钧双年文学奖
- 2001　获第二届冯牧文学奖
- 2001　《酒国》获法国儒尔·巴泰庸外国文学奖
- 2000　《牛》获第八届《小说月报》百花奖
- 1997　《丰乳肥臀》获大家·红河文学奖
- 1988　《白狗秋千架》获台湾联合报文学奖
- 1987　《红高粱》获第四届全国中篇小说奖

附 录

附一　莫言诺贝尔文学奖颁奖词

尊敬的国王和皇后陛下，尊敬的诺贝尔奖得主们，女士们、先生们：

莫言是个诗人，他扯下程式化的宣传画，使个人从茫茫无名大众中突出出来。他用嘲笑和讽刺的笔触，攻击历史和谬误以及贫乏和政治虚伪。他有技巧地揭露了人类最阴暗的一面，在不经意间找到具有强烈象征意义的形象。

高密东北乡体现了中国的民间故事和历史。在这些民间故事中，驴与猪的吵闹淹没了人的声音，爱与邪恶被赋予了超自然的能量。

莫言有着无与伦比的想象力。他很好地描绘了自然；他基本知晓所有与饥饿相关的事情；中国 20 世纪的疾苦从来都没有被如此直白地描写：英雄、情侣、虐待者、匪徒——特别是坚强的、不屈不挠的母亲们。他向我们展示了一个没有真理、常识或者同情的世界，这个世界中的人鲁莽、无助且可笑。

中国历史上重复出现的同类相残的行为证明了这些苦难。对莫言来说，这代表着消费、无节制、废物、肉体上的享受以及无法描述的欲望，只有他才能超越禁忌并试图去描述。

莫言的故事充满着神秘和寓意，让所有的价值观得到体现。莫言的人物充满活力，他们甚至用不道德的办法和手段去实现他们的生活目标，去打破命运和政治的牢笼。

《丰乳肥臀》是莫言最著名的小说，以女性视角描述了1960年的“大跃进”和大饥荒。他讥讽了革命伪科学，就是用兔子给羊受精，同时不理睬所有的怀疑者，将他们当成右翼。小说的结尾描述了90年代的新资本主义，会忽悠的人靠卖化妆品富了起来，并想通过混种受精培育凤凰。

莫言生动地向我们展示了一个被人遗忘的农民世界，虽然无情但又充满了愉悦的无私，每一个瞬间都那么精彩。作者知晓各种手工艺，铁匠活，盖房，挖渠，养殖，土匪伎俩——所有这一切他无所不知、无所不写，人世间的一切几乎都被他罗列到笔下。他似乎用笔尖描述了整个人生。

他比拉伯雷、斯威夫特和马尔克斯之后的多数作家都要滑稽和犀利。他的语言辛辣。在对中国过去一百年的描述中，里面没有跳舞的独角兽和少女，但是他描述的猪圈生活让我们觉得非常熟悉。意识形态和改革有来有去，但是人类的自我和贪婪却一直存在，所以莫言为所有的小人物打抱不平——从日本发动战争到“文革”错误到今天的疯狂生产。

在莫言的小说世界里，品德和残酷交战，对阅读者来说这是一种文学探险。曾有如此的文学浪潮席卷了中国和世界么？莫言作品中的文学力度压过大多数当代作品。

瑞典文学院祝贺你！请您从国王手中接过 2012 年诺贝尔文学奖。

（由瑞典文学院诺奖委员会主席瓦斯特伯格宣读）

附二　讲故事的人

——莫言在瑞典学院的演讲

（2012 年 12 月 8 日）

尊敬的瑞典学院各位院士，女士们、先生们：

通过电视或者网络，我想在座的各位，对遥远的高密东北乡，已经有了或多或少的了解，你们也许看到了我的 90 岁的老父亲，看到了我的哥哥姐姐我的妻子女儿和我的一岁零四个月的外孙女。但有一个我此刻最想念的人，我的母亲，你们永远无法看到了。我获奖后，很多人分享了我的光荣，但我的母亲却无法分享了。

我母亲生于 1922 年，卒于 1994 年，她的骨灰，埋葬在村庄东边的桃园里。去年，一条铁路要从那儿穿过，我们不得不将她的坟墓迁移到距离村子更远的地方。掘开坟墓后，我们看到，棺木已经腐朽，母亲的骨殖，已经与泥土混为一体。我们只好象征性地挖起一些泥土，移到新的墓穴里，也就是从那一时刻起，我感到，我的母亲是大地的一部分，我站在大地上的诉说，就是对母亲的诉说。

我是我母亲最小的孩子。

我记忆中最早的一件事，是提着家里唯一的一个热水瓶去公共食堂打开水。因为饥饿无力，失手将热水瓶打碎，我吓得要命，钻进草垛，一天没敢出来。傍晚的时候，我听到母亲呼唤我的乳名。我从草垛里钻出来，以为会受到打骂，但母亲没有打我也没有骂我，只是抚摸着我的头，口中发出长长的叹息。

我记忆中最痛苦的一件事，就是跟随着母亲去集体的地里捡麦穗，看守麦田的人来了，捡麦穗的人纷纷逃跑，我母亲是小脚，跑不快，被捉住，那个身材高大的看守人扇了她一个耳光。她摇晃着身体跌倒在地。看守人没收了我们捡到的麦穗，吹着口哨扬长而去。我母亲嘴角流血，坐在地上，脸上那种绝望的神情让我终生难忘。多年之后，当那个看守麦田的人成为一个白发苍苍的老人，在集市上与我相逢，我冲上去想找他报仇，母亲拉住了我，平静地对我说："儿子，那个打我的人，与这个老人，并不是一个人。"

我记得最深刻的一件事是一个中秋节的中午，我们家难得地包了一顿饺子，每人只有一碗。正当我们吃饺子时，一个乞讨的老人，来到了我们家门口，我端起半碗红薯干打发他，他却愤愤不平地说："我是一个老人，你们吃饺子，却让我吃红薯干，你们的心是怎么长的？"我气急败坏地说："我们一年也吃不了几次饺子，一人一小碗，连半饱都吃不了！给你红薯干就不错了，你要就要，不要就滚！"母亲训斥了我，然后端起她那半碗饺子，倒进老人碗里。

我最后悔的一件事，就是跟着母亲去卖白菜，有意无意地多算了一位买白菜的老人一毛钱。算完钱我就去了学校。当我放学回家时，看到很少流泪的母亲泪流满面。母亲并没有骂我，只是轻轻地说：“儿子，你让娘丢了脸。”

我十几岁时，母亲患了严重的肺病，饥饿，病痛，劳累，使我们这个家庭陷入困境，看不到光明和希望。我产生了一种强烈的不祥之感，以为母亲随时都会自寻短见。每当我劳动归来，一进大门，就高喊母亲，听到她的回应，心中才感到一块石头落了地。如果一时听不到她的回应，我就心惊胆战，跑到厨房和磨坊里寻找。有一次，找遍了所有的房间也没有见到母亲的身影，我便坐在院子里大哭，这时，母亲背着一捆柴草从外边走进来。她对我的哭很不满，但我又不能对她说出我的担忧。母亲看透了我的心思，她说：“孩子，你放心，尽管我活着没有一点乐趣，但只要阎王爷不叫我，我是不会去的。”

我生来相貌丑陋，村子里很多人当面嘲笑我，学校里有几个性格霸蛮的同学甚至为此打我。我回家痛哭，母亲对我说：“儿子，你不丑。你不缺鼻子不缺眼，四肢健全，丑在哪里？而且，只要你心存善良，多做好事，即便是丑，也能变美。”后来我进入城市，有一些很有文化的人依然在背后甚至当面嘲弄我的相貌，我想起了母亲的话，便心平气和地向他们道歉。

我母亲不识字，但对识字的人十分敬重。我们家生活困难，经常吃了上顿没下顿，但只要我对她提出买书买文具的要求，她总是会满足我。她是个勤劳的人，讨厌懒惰的孩子，但只要是我

因为看书耽误了干活，她从来没批评过我。

有一段时间，集市上来了一个说书人。我偷偷地跑去听书，忘记了她分配给我的活儿。为此，母亲批评了我。晚上，当她就着一盏小油灯为家人赶制棉衣时，我忍不住地将白天从说书人那里听来的故事复述给她听。起初她有些不耐烦，因为在她心目中，说书人都是油嘴滑舌、不务正业的人，从他们嘴里，冒不出什么好话来。但我复述的故事，渐渐地吸引了她。以后每逢赶集日，她便不再给我排活儿，默许我去集上听书。为了报答母亲的恩情，也为了向她炫耀我的记忆力，我会把白天听到的故事，绘声绘色地讲给她听。

很快的，我就不满足复述说书人讲的故事了，我在复述的过程中，不断地添油加醋。我会投我母亲所好，编造一些情节，有时候甚至改变故事的结局。我的听众，也不仅仅是我的母亲，连我的姐姐，我的婶婶，我的奶奶，都成为我的听众。我母亲在听完我的故事后，有时会忧心忡忡地，像是对我说，又像是自言自语：“儿啊，你长大后会成为一个什么人呢？难道要靠耍贫嘴吃饭吗？”

我理解母亲的担忧，因为在村子里，一个贫嘴的孩子，是招人厌烦的，有时候还会给自己和家庭带来麻烦，我在小说《牛》里所写的那个因为话多被村里人厌恶的孩子，就有我童年时的影子。我母亲经常提醒我少说话，她希望我能做一个沉默寡言、安稳大方的孩子，但在我身上，却显露出极强的说话能力和极大的说话欲望，这无疑是极大的危险，但我的说故事的能力，又带给了她愉悦，这使她陷入深深的矛盾之中。

俗话说“江山易改，本性难移”，尽管有我父母亲的谆谆教导，但我并没改掉我喜欢说话的天性，这使得我的名字“莫言”，很像是对自己的讽刺。

我小学未毕业即辍学，因为年幼体弱，干不了重活，只好到荒草滩上去放牧牛羊。当我牵着牛羊从学校门前路过，看到昔日的同学在校园里打打闹闹，我心中充满悲凉，深深地体会到一个人哪怕是一个孩子离开群体后的痛苦。

到了荒滩上，我把牛羊放开，让它们自己吃草。蓝天如海，草地一望无际，周围看不到一个人影，没有人的声音，只有鸟儿在天上鸣叫。

我感到很孤独，很寂寞，心里空空荡荡。有时候，我躺在草地上，望着天上懒洋洋地飘动着的白云，脑海里便浮现出许多莫名其妙的幻想。我们那地方流传着许多狐狸变成美女的故事。我幻想着能有一个狐狸变成美女与我来做伴放牛，但她始终没有出现。但有一次，一只火红色的狐狸从我面前的草丛中跳出来时，我被吓得一屁股坐在地上。狐狸没了踪影，我还在那里颤抖。有时候我会蹲在牛的身旁，看着大大的牛眼和牛眼中我的倒影。有时候我会模仿着鸟儿的叫声试图与天上的鸟儿对话，有时候我会对一棵树诉说心声。但鸟儿不理我，树也不理我。许多年后，当我成为一个小说家，当年的许多幻想，都被我写进了小说。很多人夸我想象力丰富，有一些文学爱好者，希望我能告诉他们培养想象力的秘诀，对此，我只能报以苦笑。

就像中国的先贤老子所说的那样：“福兮祸所伏，祸兮福所倚。”我童年辍学，饱受饥饿、孤独、无书可读之苦，但我因此也像我们的前辈作家沈从文那样，很早就开始阅读社会人生这本大书。前面所提到的到集市上去听说书人说书，仅仅是这本大书中的一页。

辍学之后，我混迹于成人之中，开始了“用耳朵阅读”的漫长生涯。三百多年前，我的故乡曾出了一个讲故事的伟大天才蒲松龄，我们村里的许多人，包括我，都是他的传人。我在集体劳动的田间地头，在生产队牛棚马厩，在我爷爷奶奶的热炕头上，甚至在摇摇晃晃地行进着的牛车上，聆听了许许多多神鬼故事，历史传奇，逸闻趣事，这些故事都与当地的自然环境、家族历史紧密联系在一起，使我产生了强烈的现实感。

我做梦也想不到有朝一日这些东西会成为我的写作素材，我当时只是一个迷恋故事的孩子，醉心地聆听着人们的讲述。那时我是一个绝对的有神论者，我相信万物都有灵性，我见到一棵大树会肃然起敬，我看到一只鸟会感到它随时会变化成人，我遇到一个陌生人，也会怀疑他是由某个动物变化而成的。每当夜晚我从生产队的记工房回家时，无边的恐惧便包围了我，为了壮胆，我一边奔跑一边大声歌唱。那时我正处在变声期，嗓音嘶哑，声调难听，我的歌唱，是对我的乡亲们的一种折磨。

我在故乡生活了21年，其间离家最远的是乘火车去了一次青岛，还差点迷失在木材厂的巨大木材之间，以至于我母亲问我到青岛看到了什么风景时，我沮丧地告诉她：什么都没看到，只看到了一堆堆的木头。但也就是这次青岛之行，使我产生了想离开故乡到外边去看世界的强烈愿望。

1976年2月，我应征入伍，背着我母亲卖掉结婚时的首饰帮我购买的四本《中国通史简编》，走出了高密东北乡这个既让我爱又让我恨的地方，开始了我人生的重要时期。我必须承认，如果没有30多年来中国社会的巨大发展与进步，如果没有改革开放，也不会有我这样一个作家。

在军营的枯燥生活中，我迎来了80年代的思想解放和文学热潮，我从一个用耳朵聆听故事，用嘴巴讲述故事的孩子，开始尝试用笔来讲述故事。起初的道路并不平坦，我那时并没有意识到我20多年的农村生活经验是文学的富矿。那时我以为文学就是写好人好事，就是写英雄模范，所以，尽管也发表了几篇作品，但文学价值很低。

1984年秋，我考入解放军艺术学院文学系，在我的恩师、著名作家徐怀中的启发指导下，我写出了《秋水》、《枯河》、《透明的红萝卜》、《红高粱》等一批中短篇小说。在《秋水》这篇小说里，第一次出现了“高密东北乡”这个字眼，从此，就如同一个四处游荡的农民有了一片土地，我这样一个文学的流浪汉，终于有了一个可以安身立命的场所。我必须承认，在创建我的文学领地“高密东北乡”的过程中，美国的威廉·福克纳和哥伦比亚的加西亚·马尔克斯给了我重要启发。我对他们的阅读并不认真，但他们开天辟地的豪迈精神激励了我，使我明白了一个作家必须要有一块属于自己的地方。一个人在日常生活中应该谦卑退让，但在文学创作中，必须颐指气使、独断专行。我追随在这两位大师身后两年，即意识到，必须尽快地逃离他们，我在一篇文章中写道：他们是两座灼热的火炉，而我是冰块，如果离他们太近，会被他们蒸发掉。根据我的体会，一个作家之所以会受到某一位作家的影响，其根本原因是因为影响者和被影响者灵魂深处的相似之处，正所谓“心有灵犀一点通”。所以，尽管我没有很好地去读他们的书，但只读过几页，我就明白了他们干了什么，也明白了他们是怎样干的，随即我也就明白了我该干什么和我该怎样干。

我该干的事情其实很简单，那就是用自己的方式，讲自己的故事。我的方式，就是我所熟知的集市说书人的方式，就是我的爷爷奶奶、村里的老人们讲故事的方式。坦率地说，讲述的时候，我没有想到谁会是我的听众，也许我的听众就是那些如我母亲一样的人，也许我的听众就是我自己。我自己的故事，起初就是我的亲身经历，譬如《枯河》中那个遭受痛打的孩子，譬如《透明的红萝卜》中那个自始至终一言不发的孩子，我的确曾因为干过一件错事而受到过父亲的痛打，我也的确曾在桥梁工地上为铁匠师傅拉过风箱。当然，个人的经历无论多么奇特也不可能原封不动地写进小说，小说必须虚构，必须想象，很多朋友说《透明的红萝卜》是我最好的小说，对此我不反驳，也不认同，但我认为《透明的红萝卜》是我的作品中最有象征性、最意味深长的一部。那个浑身漆黑、具有超人的忍受痛苦的能力和超人的感受能力的孩子，是我全部小说的灵魂，尽管在后来的小说里，我写了很多的人物，但没有一个人物，比他更贴近我的灵魂。或者可以说，一个作家所塑造的若干人物中，总有一个领头的，这个沉默的孩子就是一个领头的，他一言不发，但却有力地领导着形形色色的人物，在高密东北乡这个舞台上，尽情地表演。

自己的故事总是有限的，讲完了自己的故事，就必须讲他人的故事。于是，我的亲人们的故事，我的村人们的故事，以及我从老人们口中听到过的祖先们的故事，就像听到集合令的士兵一样，从我的记忆深处涌出来。他们用期盼的目光看着我，等待着我去写他们。我的爷爷、奶奶、父亲、母亲、哥哥、姐姐、姑姑、叔叔、妻子、女儿，都在我的作品里出现过，还有很多的我们高密东北乡的乡亲，也都在我的小说里露过面。当然，我对他们，都进行了文学化的处理，使他们超越了他们自身，成为文学中的人物。

我最新的小说《蛙》中，就出现了我姑姑的形象。因为我获得诺贝尔奖，许多记者到她家采访，起初她还很耐心地回答提问，但很快便不胜其烦，跑到县城里她儿子家躲起来了。姑姑确实是我写《蛙》时的模特，但小说中的姑姑，与现实生活中的姑姑有着天壤之别。小说中的姑姑专横跋扈，有时简直像个女匪，现实中的姑姑和善开朗，是一个标准的贤妻良母，现实中的姑姑晚年生活幸福美满，小说中的姑姑到了晚年却因为心灵的巨大痛苦患上了失眠症，身披黑袍，像个幽灵一样在暗夜中游荡。我感谢姑姑的宽容，她没有因为我在小说中把她写成那样而生气，我也十分敬佩我姑姑的明智，她正确地理解了小说中人物与现实中人物的复杂关系。

母亲去世后，我悲痛万分，决定写一部书献给她，这就是那本《丰乳肥臀》。因为胸有成竹，因为情感充盈，仅用了 83 天，我便写出了这部长达 50 万字的小说的初稿。

在《丰乳肥臀》这本书里，我肆无忌惮地使用了与我母亲的亲身经历有关的素材，但书中的母亲情感方面的经历，则是虚构或取材于高密东北乡诸多母亲的经历。在这本书的卷前语上，我写下了“献给母亲在天之灵”的话，但这本书，实际上是献给天下母亲的，这是我狂妄的野心，就像我希望把小小的“高密东北乡”写成中国乃至世界的缩影一样。

作家的创作过程各有特色，我每本书的构思与灵感触发也都不尽相同，有的小说起源于梦境，譬如《透明的红萝卜》，有的小说则发端于现实生活中发生的事件，譬如《天堂蒜薹之歌》。但无论是起源于梦境还是发端于现实，最后都必须和个人的经验相结合，才有可能变成一部具有鲜明个性的，用无数生动细节塑造出典型人物的，语言丰富多彩、结构匠心独运的文学作品，有必要特别提及的是，在《天堂蒜薹之歌》中，我让一个真正的说书人登场，并在书中扮演了十分重要的角色，我十分抱歉地使用了这个说书人真实姓名，当然，他在书中的所有行为都是虚构的。在我的写作中，出现过多次这样的现象，写作之初，我使用他们的真实姓名，希望能借此获得一种亲近感，但作品完成之后，我想为他们改换姓名时却感到已经不可能了，因此也发生过与我小说中人物同名者找到我父亲发泄不满的事情，我父亲替我向他们道歉，但同时又开导他们不要当真。我父亲说：“他在《红高粱》中，第一句就说‘我父亲这个土匪种’，我都不在意你们还在意什么?”

可能是因为我经历过长期的艰难生活，使我对人性有了较为深刻的了解，我知道真正的勇敢是什么，也明白真正的悲悯是什么。我知道，每个人心中都有一片难用是非善恶准确定性的朦胧地带，而这片地带，正是文学家施展才华的广阔天地，只要是准确地、生动地描写了这个充满矛盾的朦胧地带的作品，也就必然地超越了政治并具备了优秀文学的品质。

在我的早期作品中，我作为一个现代的说书人，是隐藏在文本背后的，但从《檀香刑》这部小说开始，我终于从后台跳到了前台。如果说我早期的作品是自言自语，目无读者，从这本书开始，我感觉到自己是站在一个广场上，面对着许多听众，绘声绘色地讲述，这是世界小说的传统，更是中国小说的传统。我也曾积极地向西方的现代派小说学习，也曾经玩弄过形形色色的叙事花样，但我最终回归了传统，当然，这种回归，不是一成不变的回归。《檀香刑》和之后的小说，是继承了中国古典小说传统又借鉴了西方小说技术的混合文本。小说领域的所谓创新，基本上都是这种混合的产物。

最后，请允许我再讲一下我的《生死疲劳》。这个书名来自佛教经典，据我所知，为翻译这个书名，各国的翻译家都很头痛。我对佛教经典并没有深入研究，对佛教的理解自然十分肤浅，之所以以此为题，是因为我觉得佛教的许多基本思想，是真正的宇宙意识，人世中许多纷争，在佛家的眼里，是毫无意义的，这样一种至高眼界下的人世，显得十分可悲，当然，我没有把这本书写成布道词，我写的还是人的命运与人的情感，人的局限与人的宽容，以及人为追求幸福，坚持自己的信念所做出的努力与牺牲。小说中那位以一己之身与时代潮流对抗的蓝脸，在我心目中是一位真正的英雄。这个人物的原型，是我们邻村的一位农民，我童年时，经常看到他推着一辆吱吱作响的木轮车，从我家门前的道路上通过。给他拉车的，是一头瘸腿的毛驴，为他牵驴的，是他小脚的妻子。这个奇怪的劳动组合，在当时的集体化社会里，显得那么古怪和不合时宜，在我们这些孩子的眼里，也把他们看成是逆历史潮流而动的小丑，以至于当他们从街上经过时，我们会充满义愤地朝他们投掷石块。事过多年，当我拿起笔来写作时，这个人物，这个画面，便浮现在我的脑海中，我知道，我总有一天会为他写一本书，我迟早要把他的故事讲给天下人听，但一直到了2005年，当我在一座庙宇里看到“六道轮回”的壁画时，才明白了讲述这个故事的正确方法。

我获得诺贝尔文学奖后，引发了一些争议。起初，我还以为大家争议的对象是我，渐渐地，我感到这个被争议的对象，是一个与我毫不相干的人。我如同一个看戏人，看着众人的表演。我看到那个得奖人身上落满了花朵，也被掷上了石块，泼上了污水，我生怕他被打垮，但他微笑着从花朵和石块中钻出来，擦干净身上的脏水，坦然地站在一边，对着众人说。

对一个作家来说，最好的说话方式是写作。我该说的话都写进了我的作品里，用嘴说出的话随风而散，用笔写出的话永不磨灭。我希望你们能耐心地读一下我的书。

即便你们读了我的书，我也不期望你们能改变对我的看法，世界上还没有一个作家，能让所有的读者都喜欢他。在当今这样的时代里，更是如此。

尽管我什么都不想说，但在今天这样的场合我必须说话，那我就简单地再说几句。

我是一个讲故事的人，我还是要给你们讲故事。

20世纪60年代，学校组织我们去参观一个苦难展览，我们在老师的引领下放声大哭，为了能让老师看到我的表现，我舍不得擦去脸上的泪水，我看到有几位同学悄悄地将唾沫抹到脸上冒充泪水，我还看到在一片真哭假哭的同学之间，有一位同学，脸上没有一滴泪，嘴巴里没有一点声音，也没有用手掩面，他睁着眼看着我们，眼睛里流露出惊讶或者是困惑的神情。事后，我向老师报告了这位同学的行为。为此，学校给了这位同学一个警告处分。多年之后，当我因自己的告密向老师忏悔时，老师说，那天来找他说这件事的，有十几个同学。这位同学十几年前就已去世，每当想起他，我就深感歉疚，这件事让我悟到一个道理，那就是：当众人都哭时，应该允许有的人不哭，当哭成为一种表演时，更应该允许有的人不哭。

我再讲一个故事：30 多年前，我还在部队工作，有一天晚上，我在办公室看书，有一位老长官推门进来，看了一眼我对面的位置，自言自语道："噢，没有人？"我随即站起来，高声说："难道说我不是人吗？"那位老长官被我顶得面红耳赤，尴尬而退，为此事，我洋洋得意了许久，以为自己是个英勇的斗士，但事过多年后，我却为此深感内疚。

请允许我讲最后一个故事，这是许多年前我爷爷讲给我听的：有八个外出打工的泥瓦匠，为避一场暴风雨，躲进了一座破庙，外边的雷声一阵紧似一阵，一个个的火球，在庙门外滚来滚去，空中似乎还有吱吱的龙叫声，众人都胆战心惊，面如土色。有一个人说："我们八个人中，必定有一个人干过伤天害理的坏事，谁干过坏事，就自己走出庙接受惩罚吧，免得让好人受到牵连。"自然没有人愿意出去，又有人提议道："既然大家都不想出去，那我们就将自己的草帽往外抛吧，谁的草帽被刮出庙门，就说明谁干了坏事，那就请他出去接受惩罚。”于是大家就将自己的草帽往庙门外抛，七个人的草帽被刮回了庙内，只有一个人的草帽被卷了出去，大家就催这个人出去受罚，他自然不愿出去，众人便将他抬起来扔出了庙门，故事的结局我估计大家都猜到了：那个人刚被扔出庙门，那座破庙便轰然坍塌。

我是一个讲故事的人。

因为讲故事我获得了诺贝尔文学奖。

我获奖后发生了很多精彩的故事，这些故事，让我坚信真理和正义是存在的。

今后的岁月里，我将继续讲我的故事。

谢谢大家！

参考文献

[1] 莫言：《莫言文集》，上海文艺出版社 2012 年版。

[2] 吴树新：《读懂莫言》，安徽人民出版社 2014 年版。

[3] 叶开：《莫言评传》，河南文艺出版社 2008 年版。

[4] 王玉：《莫言评传》，清华大学出版社 2014 年版。

[5] 杨杨：《莫言研究资料》，天津人民出版社 2005 年版。

[6] 管谟贤：《大哥说莫言》，山东人民出版社 2013 年版。

[7] 郭小东：《看穿莫言》，武汉大学出版社 2012 年版。

[8] 许陈静：《莫言：从“沉默少年”到“军旅作家”》，《理论导报》，2012 年第 12 期。

[9] 张东亮：《从放牛娃到文坛巨匠——诺奖得主莫言的“蛙跳人生”》，《侨园》，2012 年第 11 期。